I0014862

Smart Working e Trabalho Remoto

-

Psicologia Organizacional e do Trabalho para Equipes Virtuais, Redes Colaborativas e Grupos Mastermind

EDOARDO
ZELONI MAGELLI

ISBN: 9798407435839 – Janeiro 2022 – Versão original: Smart Working e Remote Working - Psicologia del Lavoro e delle Organizzazioni per Team Virtuali, Reti Collaborative e Gruppi Mastermind (Dezembro 2021)

Autor: Psicólogo, Empresário e Consultor. Edoardo Zeloni Magelli, nascido em Prato em 1984. 2010, logo após graduar-se em Psicologia do Trabalho e das Organizações, ele lançou sua primeira empresa start-up. Como empresário, ele é o CEO da Zeloni Corporation, uma empresa de treinamento especializada em ciências mentais aplicadas aos negócios. Sua empresa é um ponto de referência para qualquer pessoa que queira realizar uma ideia ou um projeto. Como um cientista da mente, ele é o pai da Psicologia Primordial e ajuda as pessoas a potencializar suas mentes no menor tempo possível. Um amante da música e dos esportes.

UPGRADE YOUR MIND → zelonimagelli.com

UPGRADE YOUR BUSINESS → zeloni.eu

ÍNDICE

Introdução

Gostando ou não, o futuro dos negócios será conduzido online, desde que a infraestrutura global da Internet assim o permita. Segundo os dados de um estudo da FlexJobs, o trabalho remoto explodiu nas últimas duas décadas, crescendo 159% de 2005 a 2017 (Bayern, 2019). Com as interrupções no local de trabalho causadas pelas mudanças nos últimos anos, o número de trabalhadores remotos em todo o mundo quase triplicou. Tendo os Estados Unidos como exemplo, no pico, 44% da população dos EUA trabalhava remotamente em tempo integral, em comparação com 17% antes de 2019 (Miltz, 2020). Embora esse número máximo tenha caído à medida que as restrições diminuíram e os funcionários retornaram aos escritórios, os efeitos colaterais foram claros: os negócios mudaram.

Segundo um estudo realizado pela Growmotely, tanto 74% dos profissionais quanto 76% dos empresários pesquisados concordam que o trabalho remoto será o novo normal (Prossack, 2021). Além disso, a maioria das pessoas prefere trabalhar online. De acordo com uma análise do PMI.it e do T-Voice, 80,74% dos italianos gostariam de trabalhar remotamente pelo menos dois dias por semana e 76,8% gostariam de alternar dias de trabalho entre o escritório e a casa (PMI.it, 2021).

Embora as mudanças às vezes possam ser assustadoras, isso (trabalhar em casa) não é uma mudança da qual devemos ter medo. Muito pelo contrário, temos que aceitá-la. Estudos têm demonstrado que, seja um funcionário, empresário ou proprietário, trabalhar em casa não só reduz os custos para todos, mas também aumenta a produtividade. Portanto, se é a preferência da maioria, reduz custos e aumenta a produtividade, porque não trabalhar online a partir de casa? Os pontos positivos superam em muito os negativos.

Quer você seja um proprietário que está pensando em mudar sua empresa para a Internet, ou um funcionário ou empresário que está se preparando para o futuro, há muito o que aprender sobre como trabalhar online. Se você ainda não tem certeza do que significa exatamente o teletrabalho, este livro esclarecerá tudo. Se você deseja saber como maximizar sua eficácia trabalhando on-line, este livro também responderá a essa pergunta. Se você está curioso para saber como colaborar com outras pessoas, criar e gerenciar suas equipes virtuais e formar grupos mastermind, aqui você encontrará todas as respostas. Fique à frente dos eventos e adote hoje mesmo um modelo de negócios on-line eficiente e eficaz.

Harmonia e Equilíbrio entre Online e Offline

Antes de continuar, gostaria de esclarecer uma coisa. Embora seja a favor do teletrabalho e dos negócios on-line, continuo a ser um romântico incurável, um amante da cultura e das tradições artesanais e culinárias do passado.

Ao escrever isto, penso nas lojas históricas das cidades, as famosas "lojas de uma vida" que estão desaparecendo.

Refiro-me às maravilhosas lojas de artesanato onde podemos encontrar produtos típicos e locais, as lojas de bairro, os pequenos comércios, as padarias, as pastelarias, comércios de laticínios, as delicatessens, as lojas de vinhos, as trattorias, as tabernas, os sapateiros, os chapeleiros, as marroquinarias, os joalheiros, os ferreiros e as oficinas de artesãos.

Agora tenho saudades, pensando nos passeios pelo centro histórico da minha cidade natal, Prato, mas também nas outras aldeias medievais da minha Toscana. Se fechar os olhos, ainda posso ouvir vozes engraçadas ao fundo, vindas daqueles becos atemporais que evocam as tradições antigas do passado.

Vamos relembrar. As lojas de artesanato do passado são testemunho da história, cultura e tradição de uma cidade, da vida de um lugar, do espírito de uma cidade, são monumentos vivos do passado, um patrimônio cultural único, são pontos de referência.

Muitas vezes, famílias de artesãos e comerciantes têm transmitido a profissão de geração em geração, garantindo aos clientes um alto nível de investigação e qualidade. Apenas algumas décadas atrás, para indicar um endereço de encontro, muitas vezes não se mencionava uma rua ou uma praça, mas sim o nome de uma loja que todos conheciam pela memória coletiva (Chifari, 2019).

Estremeço pensando em ver frios outlets ou lugares sem alma para comer comida sem qualidade, surgindo e ocupando o lugar das encantadoras lojas de antigamente. Você já viu aqueles fabulosos palácios do século XVI ou aquelas estruturas extraordinárias do século XIX com móveis do início do século XX?

Já parou para olhar aquelas lojas históricas centenárias que preservam o encanto de séculos passados, com seus móveis de época, suas placas antigas, suas instalações, seus afrescos e suas pinturas nas abóbadas?

Antes de começar a falar sobre grupos mastermind, redes de colaboração, equipes virtuais e teletrabalho, eu reverencio. Faço uma reverência a todas as famílias que por várias gerações dedicaram suas vidas ao seu negócio, transmitindo qualidade, arte e cultura.

Com suas atividades, têm permitido aos centros urbanos preservar a sua memória histórica e, com o seu "ar romântico de outros tempos", valorizar a comunidade e o patrimônio urbano. Essas atividades devem ser protegidas e apoiadas.

O homem deve ser capaz de encontrar um equilíbrio, a harmonia certa, a alquimia certa, entre a cultura do passado e a inovação e o progresso do futuro. Devemos ser capazes de aproveitar as oportunidades oferecidas pelo mundo online, mas ao mesmo tempo não esquecer como a vida real é bela em comparação com o mundo virtual. Graças às oportunidades oferecidas pelo mundo online, é possível ter mais tempo livre e rendimentos mais elevados, o que nos permite desfrutar melhor da beleza do mundo offline.

Todos podem tirar partido das oportunidades oferecidas pelo mundo online, incluindo comércios históricos, que podem anunciar os seus negócios no mundo todo, estabelecer colaborações e parcerias internacionais, e até "monetizar" os seus conhecimentos criando cursos em vídeo e livros para transmitir a sua cultura e tradição.

Espero que a humanidade seja capaz de encontrar o equilíbrio certo entre as duas realidades, na esperança de ver o florescimento de todas as lojas históricas ainda em atividade.

Dê um Impulso ao seu Negócio

Como já foi mencionado, os aspectos positivos do teletrabalho não podem ser subestimados, que melhoram não apenas a vida dos empresários, mas também dos funcionários. Os funcionários são mais produtivos quando trabalham no local de sua escolha, pois não sofrem com o estresse que pode se manifestar no local de trabalho ou no trajeto de ida e volta para o escritório. O estresse frequentemente encontrado no local de trabalho leva a uma produção mais lenta de ideias, que muitas vezes também carecem de criatividade. Quando esse estresse é eliminado, se obtém maior foco, colaboração e melhores resultados gerais nos projetos. O aumento da capacidade mental dos funcionários levará a uma melhor comunicação entre os membros do grupo de trabalho. O conceito de orientação e colaboração entre iguais, pode ser a vantagem que a sua empresa necessita. Continue lendo para descobrir como você pode fazer suas equipes trabalharem de maneira " ágil".

Existem casos em que o trabalho à distância pode prejudicar a produtividade e a comunicação empresarial. Outros em que você pode colocar sua saúde mental e física em risco e danificar seu cérebro. Vamos analisar tudo isso para que você possa aumentar a produtividade e trabalhar remotamente de forma saudável e lucrativa.

1. Smart Working (Trabalho Àgil)

Os objetivos da sua empresa podem se tornar tortuosos devido a cultura de trabalho estar sofrendo constantes mudanças. Portanto, para recuperar esses objetivos e fazer com que as mudanças se tornem vantagens, a primeira coisa que você pode implementar é o Smart Working ou Trabalho Ágil. A transformação da tecnologia que deu início à era digital é uma força imparável. O trabalho ágil pode ser definido como um modelo de trabalho à distância que usa suas oportunidades para criar um ambiente de trabalho flexível, colaborativo e eficiente.

O objetivo do trabalho ágil é ser capaz de equipar os funcionários com as habilidades e ferramentas que lhes permitem ser eficazes e eficientes. As habilidades e ferramentas variam e podem incluir, entre outras coisas, a cultura de trabalho, estilos de liderança com os quais os funcionários interagem e o tipo de tecnologia e acesso aos recursos que podem usar.

Um controle maior e a autonomia que um funcionário possa exercer sobre os fatores que lhe permitem realizar o seu trabalho, cria um ambiente que lhe permitirá otimizar seus esforços com foco nos projetos. Assim, o trabalho ágil é uma abordagem flexível que se baseia na confiança e na responsabilidade dos trabalhadores, que devem seguir as diretrizes da empresa. Os funcionários podem realizar trabalhos de diferentes locais e muitas vezes são avaliados e gerenciados com base em seus resultados.

A tecnologia desempenha um papel essencial no trabalho ágil, pois fornece flexibilidade, permitindo o crescimento empresarial e a inovação. Por meio do trabalho ágil, um modelo de trabalho remoto que integra novas tecnologias com as existentes, um trabalho significativo e gratificante é alcançado. A ideia por trás do trabalho ágil é automatizar o trabalho tanto quanto possível para manter a continuidade. O conjunto de práticas que geralmente caracterizam o trabalho ágil são horários flexíveis, localização e capacidade de compartilhar responsabilidades em tempo real. Isso permite que os projetos sejam concluídos com mais eficiência, além de manter a consistência que às vezes é perdida quando as equipes não trabalham juntas fisicamente.

Dadas as mudanças recentes que estamos vivenciando, o teletrabalho tornou-se necessário e resultou em funcionários em busca de um trabalho significativo que possa ser feito em qualquer lugar, tornando o uso do modelo empresarial de trabalho ágil uma ferramenta essencial.

Este capítulo abordará as vantagens do Smart Working, bem como as desvantagens que esse modelo de trabalho pode ter. Além disso, dicas serão compartilhadas sobre como fazer o Smart Working funcionar para a sua empresa.

Fig. 10: Ferramentas utilizadas no Smart Working.

Benefícios do Smart Working

Aumento de Produtividade

Os funcionários têm flexibilidade para decidir quando, onde e como querem trabalhar, resultando no melhor trabalho possível. Além disso, como as reuniões são online, elas tendem a ser mais curtas e eficientes, economizando tempo para gerentes e funcionários e deixando mais tempo para outras tarefas no trabalho. O uso da tecnologia também significa que não há pausas desnecessárias, que muitas vezes fazem parte da cultura do escritório. O trabalhador pode ser mais focado porque ele é protegido de distrações no local de trabalho, como vozes irritantes e ruídos de colegas.

Melhoria da Gestão

Agora que os funcionários são capazes de administrar seu próprio tempo e potencialmente produzir seu melhor trabalho possível, os gerentes não perdem tempo controlando hora após hora. Isso cria tempo para que os gerentes se concentrem no objetivo dos projetos e não em quem está fazendo o trabalho. Agora eles podem direcionar mais claramente seus projetos para os objetivos prioritários da empresa.

O Meio Ambiente

O Smart Working afeta não apenas empresas e indivíduos, mas também o meio ambiente em geral. O transporte, tanto individual quanto público, causa poluição. Graças às empresas que adotam o trabalho ágil e muitas que trabalham desde casa, o transporte é reduzido e, portanto, os níveis de poluição também. Reduzir viagens de carro desnecessárias tem um impacto positivo no meio ambiente e evitar o estresse do trânsito é bom para sua saúde.

Desvantagens do Smart Working

Finanças

Embora o trabalho ágil possa reduzir custos para as empresas, às vezes pode prejudicar as finanças dos funcionários, dependendo da situação de cada um e de seu escritório em casa. As empresas economizarão nos custos de manutenção de espaços físicos. No entanto, os funcionários terão custos iniciais para adequar seus novos espaços de home office. Eles também podem incorrer em gastos adicionais com eletricidade ou aumento nas contas de internet, devido às velocidades mais rápidas exigidas para o trabalho.

Diminuição da Produtividade

Se não houver um plano ou cronograma para a forma como o trabalho será dividido ou prazos para atingir as metas, o Smart Working tem o potencial de ser improdutivo. Isso pode levar a uma situação em que a quantidade prevalece sobre a qualidade, com funcionários sendo remunerados, mas sem concretização nos resultados do projeto.

Também ajudará a desenvolver a capacidade de manter o foco e resistir às distrações oferecidas pelos dispositivos tecnológicos. Atenção é poder. As pessoas passam 46,9% de suas horas de vigília pensando em algo diferente do que estão fazendo, e essa divagação mental muitas vezes as torna infelizes (Bradt, 2010). O mundo digital apenas amplifica esse fenômeno de desatenção do "aqui e agora", colocando-nos em contato com outros mundos e outras pessoas, mais ou menos distantes (Carciofi, 2017). As empresas terão que investir em treinamento para ajudar suas equipes a administrar distrações digitais.

Isolamento

O Smart Working é feito a partir de locais remotos e, como tal, os colegas de trabalho não interagem uns com os outros da maneira habitual. Isso pode levar a um sentimento de isolamento dos colegas e causar uma perda de identificação com a empresa. Essa perda de identificação também pode isolar os funcionários de seu trabalho e distraí-los dos objetivos do projeto. Isso também pode levar à diminuição da produtividade e a um trabalho potencialmente ruim.

Hiperconectividade, Workaholismo e Síndrome de Burnout

Muitos funcionários que trabalham no modo Smart Working desenvolvem uma hiperconexão, sentem uma necessidade excessiva de estar constantemente conectados à internet para realizar seu trabalho. Eles se sentem obrigados a estar disponíveis em todos os momentos do dia e, com o tempo, não conseguem se desconectar da Internet.

Na maioria dos casos, eles não percebem que o tempo está passando, eles se afastam do mundo real e acabam trabalhando mais do que deveriam. Esse excesso de trabalho costuma causar estresse psicofísico. Atualmente, há evidências de que os dispositivos móveis podem aumentar os níveis de estresse.

Em casos mais extremos, podem desenvolver adicções ao trabalho, como workaholismo (uma combinação das palavras trabalho e alcoolismo), "a compulsão ou desejo incontrolável de trabalhar incessantemente" (Oates, 1971), uma adicção na atividade laboral. [1]

1. Quais são as diferenças entre engajamento no trabalho, adicção ao trabalho e workaholismo? Esses termos podem ser descritos, respectivamente, como a forma saudável e a forma patológica do pesado investimento de tempo e energia no trabalho (Di Stefano & Gaudiino, 2019).

Esses termos ainda não foram clara e adequadamente distinguidos por estudiosos e pesquisadores do assunto, pois parecem apresentar algumas características sobrepostas. Eles são formas de excesso de trabalho e são frequentemente usados de forma intercambiável na literatura. Embora workaholism e work addiction se sobreponham em alguns pontos, alguns componentes de seu significado podem ser diferentes (Griffiths et al., 2018).

Alguns autores propuseram que a adicção ao trabalho era uma construção psicológica, enquanto o workaholism era um termo mais genérico que indica um comportamento cotidiano relacionado ao trabalho e não uma patologia (Clark et al., 2020; Griffiths et al., 2018). É possível desvendar as diferenças entre adicção ao trabalho e workaholism prestando atenção não apenas em sua composição, mas também nos fatores que os determinam (Morkevičiūtė & Endriulaitiene, 2021).

Em teoria, trabalhar mais tempo deveria levar a maior produtividade, mas pesquisas em psicologia e medicina mostram o contrário (Carciofi, 2017). Existe uma correlação positiva entre o aumento da jornada de trabalho e o aumento dos problemas relacionados à cefaleia, insônia e síndrome de burnout.

Burnout é uma síndrome psicológica de estresse laboral, um estado de despersonalização, alienação e exaustão a nível emocional, físico e mental. O estresse relacionado ao trabalho diminui naturalmente o sistema imunológico e aumenta o risco de doenças cardíacas, hipertensão, obesidade, diabetes e câncer.

Fig. 2: Entre as desvantagens do Smart Working podemos encontrar a diminuição da motivação e da produtividade.

Estar conectado o tempo todo é prejudicial. Muitas pessoas começam a apresentar comportamentos obsessivos e patológicos, como checar caixas de e-mail o dia todo ou checar constantemente seus smartphones em busca de notificações e o que está acontecendo nas redes sociais.

Aqueles que trabalham com dispositivos de tecnologia à noite também correm o risco de interromper seu ritmo de sono circadiano.

No entanto, gostaria de salientar que o problema não é o trabalho ágil, mas como você faz o trabalho ágil. Por isso, continuo reiterando a importância da capacitação corporativa. As empresas terão que investir em treinamento para ensinar suas equipes a implementar o Smart Working.

Dicas para o Smart Working

O Smart Working está baseado no mundo virtual e pode ser difícil acostumar-se com ele. No entanto, tratar a flexibilidade e a virtualidade como um padrão garantirá que essa seja a base da cultura da empresa. O resultado será um trabalho ágil eficiente e eficaz. Além disso, ao atribuir tarefas, temos que levar em consideração a **flexibilidade** oferecida aos funcionários. Isso significa criar projetos que possam ser realizados utilizando as aptidões de toda a equipe e garantir que todos os colaboradores utilizem o modelo Smart Work.

O modelo de Smart Working tem bases na **confiança**, e a diretoria deve demonstrar isso permitindo que os funcionários trabalhem sem serem constantemente assediados ou bombardeados com reuniões online. Por outro lado, se houver controle quando necessário e com **prazos realistas** definidos, será fomentada uma cultura de confiança e conduzirá a melhores resultados nos projetos. Essa ferramenta permite que os gerentes julguem a qualidade de um funcionário pelo trabalho que realiza, e não por sua presença no escritório.

Para garantir que o modelo de trabalho ágil seja usado em todo o seu potencial, os gerentes devem estar atentos a quaisquer problemas que possam surgir. Os gerentes terão que usar suas **habilidades de comunicação e interpessoais** e suas **qualidades humanas.** As soluções devem ser encontradas por meio de comunicação honesta e aberta entre os funcionários e a gerência. Isso permitirá continuar com um trabalho ágil e construir a base de confiança necessária para que os funcionários tenham flexibilidade.

Às vezes também será muito importante criar situações para **reunir toda a equipe em direto.** A combinação de experiência de escritório e experiência digital oferece uma chance maior de eficácia para sua empresa. Mesmo à distância, é uma boa ideia ter "cafés digitais" para **manter contato com as pessoas.** Isso é essencial, é uma forma de continuar a "velha conversa de escritório".

Dar confiança às pessoas é crucial, assim como certificar-se de fornecer a seus funcionários todas as ferramentas necessárias para fazer seu melhor trabalho.

Portanto, do ponto de vista tecnológico, é necessário fazer um bom **check-up da empresa:**

- *Tem certeza de que todas as pessoas envolvidas na empresa têm a mesma experiência em casa assim como no escritório, em termos de aplicativos, software, processos, faturamento, envolvimento com o cliente e comunicação?*

- *Os processos e sistemas da empresa são seguros?*

- *Como pode garantir que esta experiência acelera a inovação em tudo o que faz?*

A empresa deve se responsabilizar por fornecer todas as informações e ferramentas necessárias para ajudar no aproveitamento dessa forma de trabalhar, várias vezes já mencionei a necessidade de oferecer treinamentos específicos.

Além disso, aqueles que trabalham no modo Smart Working deverão:

- *Desenvolver as habilidades para trabalhar nesta modalidade. Algumas pessoas estão preparadas para isso, outras são menos capazes. Leva tempo para aprender.*

- *Criar um ambiente de bem-estar. Sentir-se bem na sua própria casa é muito importante. Se estiver num ambiente onde se sente bem, pode enfrentar todos os problemas de trabalho com melhor atitude.*

- *Acostume-se a ser julgado pelos seus resultados. Muitas pessoas estão acostumadas a entender o trabalho como uma série de esforços e atividades que são realizadas sem levar em consideração os resultados. Você tem que prestar menos atenção às atividades que realiza e focar mais nos resultados.*

- *Entenda que trabalhando no Smart Working você não está mais "competindo" com profissionais da sua cidade, mas com pessoas de todo o mundo. Você se torna facilmente substituível. É por isso que você tem que ser bom no que faz, você deve ser tão bom que se torne "insubstituível".*

- *Desenvolver autodisciplina, senso de responsabilidade e motivação.*

- *Desenvolva grandes habilidades organizacionais para encontrar o equilíbrio certo entre trabalho e vida privada. Portanto, é preciso saber estabelecer os limites entre a vida privada e a vida profissional. Definir horas precisas, manter um calendário e ter uma agenda pode ajudar muito.*

- *Saiba fazer pausas, mas não excessivamente.*

A gerência deve levar em consideração os seguintes pontos:

- *A dispensa será mais fácil e menos traumática, porque na ausência de um relacionamento presencial, se desenvolvem relacionamentos menos profundos.*

- *É importante saber quando é hora de manter o moral da equipe alto e motivá-lo.*

- *Se tiver pessoas na sua equipe espalhadas pelo mundo, é importante considerar o fuso horário ao agendar reuniões e prazos.*

Se a gerência perceber que o trabalho ágil reduz a produtividade de toda a equipe, então há um problema prévio na seleção de pessoal. Se você contratou pessoas que só trabalham para receber o salário no final do mês, elas terão que se comportar de maneira diferente. A maioria das pessoas trabalha apenas para levar um pagamento para casa, não fazem o trabalho que gostam. Eles fazem esse trabalho porque não têm alternativas.

As empresas devem entender que é importante contratar pessoas de acordo com seus valores: os valores das pessoas devem estar alinhados aos valores da empresa. Mas aqui entraríamos em outros tópicos, que não abordamos neste livro.

Para obter mais informações sobre outros tópicos empresariais fundamentais para obter o máximo de benefícios, você pode aproveitar os cursos de capacitação oferecidos pela Zeloni Corporation, minha empresa de treinamento e capacitação dedicada às Ciências Mentais Aplicadas aos Negócios. Você também encontrará muitos outros cursos em nossa plataforma Business Galaxy.

zeloni.eu

businessgalaxy.training

Mais um conselho importante que gostaria de dar diz respeito ao isolamento. O tempo que você ganha trabalhando em casa online pode ser gasto em reuniões e jogos com amigos ao vivo. O problema de isolamento no Smart Working é frequentemente um falso problema resultante de uma visão aproximada, incompleta e superficial da realidade; trabalhar no Smart Working te deixa mais "isolado dos colegas", porém "mais perto dos teus verdadeiros amigos", então o problema do isolamento não existe. Isso depende de como você gasta o tempo que economizou.

Deveríamos lembrar também que temos o direito de nos desligarmos da Internet. Estar online o tempo todo é um erro. A vida não é só trabalho! Desconectar-se da tecnologia é fundamental, é importante não perder o contato com a realidade.

Portanto, precisamos ser bons em equilibrar o trabalho online com a vida real, temos que abrir espaço para a reflexão, para a meditação, para pensar e contemplar o nosso entorno. Todos esses são processos fundamentais para mantermos a conexão interior e a autoconsciência.

Por isso, precisamos sair de ambientes artificiais para estar em contato com a natureza, respirar ao ar livre, dedicar tempo à atividade física e encontrar tempo para comer com calma e tranquilidade, sem pressa. O corpo, a mente e o espírito se beneficiarão muito.

2. Trabalho Remoto

Agora que entendemos o que é Smart Working e como integrá-lo aos modelos empresariais atuais, é hora de falar sobre trabalho à distância. Ganhou muita popularidade recentemente, e estudos têm mostrado que a preferência pelo teletrabalho só está aumentando (PMI.it, 2021). No entanto, antes de prosseguirmos, devemos entender melhor o que exatamente é trabalho remoto.

Se você deseja operar sob um modelo de negócios online, isso significa que você deve ter um sistema em que todos trabalhem remotamente.

O trabalho remoto, também conhecido como teletrabalho ou trabalho em casa (WFH – Working from Home), é a prática dos funcionários que trabalham em um local de sua escolha, em vez de se deslocarem para um local centralizado, como um prédio de escritórios. Embora WFH possa ser o nome mais comum para trabalho à distância, a partir de agora este livro usará apenas os termos Trabalho Remoto. A razão é que o trabalho remoto pode acontecer em qualquer lugar, não está limitado à casa e, portanto, trabalho remoto é o nome mais preciso. E é preciso ter cuidado para não o confundir com teletrabalho, que costuma ter o mesmo horário rígido dos escritórios corporativos. O trabalho remoto é baseado especificamente em funcionários que trabalham fora do escritório e, ao contrário do Smart Working, não depende de uma cultura específica da empresa. Tornou-se uma oportunidade atraente para freelancers, trabalhadores temporários e agências, pois depende da qualidade do seu trabalho e oferece horários mais flexíveis.

Para que você fique por dentro do assunto, discutiremos a seguir, as vantagens e desvantagens desse modelo, bem como algumas dicas para melhorar o desempenho.

Vantagens do Trabalho Remoto

Flexibilidade e Liberdade

A vantagem mais óbvia do trabalho remoto é que os funcionários têm liberdade e flexibilidade para definir seus próprios horários.

Quando os funcionários podem trabalhar segundo os seus próprios horários, eles decidem quando o trabalho será feito, permitindo-lhes definir horários que maximizem sua produtividade. Isso pode aliviar um pouco a pressão de ter um horário fixo que gira em torno do deslocamento diário, da cultura de escritório e da presença constante de um gerente quando se trata de cumprimento de prazos.

Melhoria da Saúde Mental

Há sempre casos de estresse, tanto se você gosta do seu trabalho ou não. O impacto que o trabalho pode ter na saúde mental de seus funcionários pode ser prejudicial para sua empresa. O deslocamento para o trabalho é o que mais afeta a saúde mental (Reynolds, s.f.).

Com o trabalho remoto, seus funcionários não terão que se deslocar, eliminando esse estresse de suas vidas. A saúde mental geral melhorará com a ausência de estresse, aumentando a produtividade potencial, quando lhes for permitido trabalhar em local de sua escolha.

Trabalhar em casa também reduz outros fatores de estresse relacionados ao trabalho, incluindo, entre outras coisas à política de escritório ou até mesmo os colegas que podem atrapalhar o fluxo de trabalho. O trabalho remoto elimina essas distrações e permite que o funcionário crie seu próprio espaço de trabalho seguro e confortável para prosperar.

Fig. 3: O trabalho remoto permite aos funcionários escolher seu lugar de trabalho.

Redução de Custos

O trabalho remoto reduz custos para funcionários e empresários. Os funcionários podem economizar nos custos de transporte, agora que trabalham em casa. Além disso, podem economizar nas despesas com creche graças à flexibilidade de sua programação que permite estabelecer prioridades diferentes. Isso não tem impacto na empresa, pois quando os funcionários podem escolher as variáveis que afetam seu trabalho, eles as estruturam para maximizar a produtividade em menos tempo. Os empresários também se beneficiam, pois não precisam pagar por um prédio caro ou quaisquer despesas adicionais, como contas de água e luz.

Trabalhar desde Qualquer Lugar

Outra vantagem do trabalho remoto é que as pessoas podem trabalhar de qualquer lugar. Quando a empresa não está vinculada a um local físico, pode contratar pessoas de qualquer lugar do mundo. Isso tem o potencial de aumentar drasticamente o tamanho do pool de empregos qualificados. Também tem o potencial de impactar as comunidades mais necessitadas ou que tradicionalmente são classificadas como de classe baixa. Com a escolha da localização, as pessoas de áreas rurais ou subdesenvolvidas podem fazer um trabalho que as faça sentir-se satisfeitas, e beneficiar aqueles que não estão perto delas. Isso permitirá que as comunidades vivenciem mudanças econômicas e sociais, aumentando não só o impacto da empresa, mas também o da comunidade.

Aumento da Produtividade

O trabalho remoto permite horários flexíveis permitindo aos funcionários trabalhar quando desejarem. Isso aumentará a produtividade, pois os funcionários trabalharão quando puderem. Além disso, os funcionários geralmente desejam trabalhar o mínimo de tempo possível sem deixar de produzir resultados. Isso permite que o trabalho seja feito 24 horas por dia em vários locais, o que significa que os objetivos da empresa são atingidos de forma consistente.

Não ter que ir ao escritório todos os dias oferece benefícios em termos de economia de tempo e redução do estresse. Ambos os fatores contribuem para o aumento da produtividade.

Desvantagens do Trabalho Remoto

Falta de Conexão dos Funcionários

No entanto, o modelo de trabalho remoto também tem algumas desvantagens que devemos observar. Trabalhar em casa também pode provocar um sentimento de isolamento nos funcionários e a uma desconexão entre o funcionário e o empregador. Quando as pessoas não se veem todos os dias, pode ser difícil sentir que fazem todos parte da mesma equipe. Além disso, a falta de presença pode afetar os funcionários se eles não sentirem que têm interação suficiente com seus chefes, o que pode estancar seu crescimento profissional. Isso pode gerar dúvidas na hora de ingressar a uma empresa que possua um modelo de trabalho remoto.

Desequilíbrio entre Trabalho e Vida Pessoal

Equilibrar trabalho e vida pessoal pode ser complicado, mesmo quando não estamos trabalhando remotamente. Ao trabalhar remotamente, existe a possibilidade de que as linhas divisórias entre os dois se dissipem produzindo um desequilíbrio. Ao trabalhar em casa, é fácil começar a trabalhar em excesso, pois você simplesmente deseja concluir as tarefas, independentemente de que esteja trabalhando. A falta de limites físicos entre onde você trabalha e onde passa seu tempo livre, poderia indicar que não há limites e fazer com que os funcionários não se sintam desconectados em seus tempos livres.

Distrações

Embora o trabalho remoto permita que os funcionários criem o melhor local de trabalho possível, isso geralmente significa que eles estão em casa. Por ser um espaço pessoal, há muitos cruzamentos entre a vida pessoal e a vida profissional, o que pode ser opressor para os funcionários e distraí-los da tarefa em questão.

Cultura de Trabalho Alterada

Quando os funcionários trabalham remotamente, as interações físicas entre os colegas diminuem. Isso pode afetar as relações que se formam entre funcionários e membros da equipe, ou então, a falta delas. Embora existam ferramentas e tecnologias que tornam o trabalho eficaz, elas não promovem os relacionamentos e isso pode afetar a cultura de trabalho. Sem os laços que se formam entre colegas de trabalho e gerentes com seus funcionários, a produtividade do trabalho pode ser prejudicada.

Dicas para o Trabalho Remoto

Embora as desvantagens do trabalho remoto possam parecer assustadoras, aqui estão algumas dicas para que o modelo de trabalho remoto funcione para sua empresa. Incentive seus funcionários a estabelecer um **espaço confortável** e uma área designada especificamente para trabalhar. A criação de um espaço de trabalho designado, mesmo em casa, solidificará um limite para trabalhar, bem como uma área livre de distrações; isso permitirá que os funcionários trabalhem de forma produtiva, além de manter um equilíbrio entre vida pessoal e profissional.

Estabeleça uma programação consistente e planejada para o trabalho remoto. Isso significa **definir tarefas** e agendar prazos realistas para que os funcionários possam produzir o trabalho sem se sentirem sobrecarregados. Você precisa planejar um horário definido para o trabalho remoto, para que as reuniões online continuem a ter um senso de autoridade e permitam que os funcionários se sintam seguros em seu trabalho.

Além de um cronograma, a comunicação é fundamental. Um aspecto essencial do trabalho remoto é a capacidade de colegas de trabalho, gerentes e funcionários de se comunicarem uns com os outros. Em alguns casos, aconselha-se um excesso de **comunicaçã**o, pois é preferível que saibam demais e não o suficiente. Isso também ajudará a aliviar a sensação de isolamento ou falta de relacionamento que pode ser característica do trabalho remoto. A comunicação também ajudará a atingir as metas e a manter o foco para cumprir as metas da empresa.

Fig. 4: A comunicação é a chave para o sucesso do modelo de trabalho remoto.

Por último, é importante incentivar os funcionários a fazerem pausas. É fácil ficar sobrecarregado ao trabalhar remotamente, porque se deseja continuar até concluir as tarefas. No entanto, para manter a produtividade constante, intervalos são necessários. Isso também ajudará a manter um bom equilíbrio entre vida pessoal e profissional e permitirá que todos se sintam melhor em geral, permitindo que o modelo de trabalho remoto seja bem-sucedido.

Como Fazer uma Pausa Efetiva (e ser mais produtivo)

Quando o trabalho se intensifica, tendemos a trabalhar mais do que deveríamos, levando nosso corpo e mente ao limite. O problema é que sem uma pausa restauradora para recarregar nossas energias, somos menos eficientes, cometemos mais erros e nossa produtividade cai.

Temos que ouvir nosso corpo, que muitas vezes nos envia sinais de que precisamos de uma pausa. Devemos aprender a respeitar os ritmos naturais de nosso corpo, que naturalmente entra em "pausa" muitas vezes ao dia para regular nosso sistema psicofísico.

Nestes momentos de pausa, devemos colocar o mundo exterior em espera. Não é por acaso que o significado original de "esperar" é "voltar a alma para". Cada pausa torna-se uma oportunidade para o autocuidado. Precisamos mudar o foco da atenção do mundo exterior para o mundo interior.

Sem esses momentos de regeneração, não pode haver

produtividade extrema. O erro que muitas pessoas cometem é sacrificar o descanso em nome da produtividade. Mas trabalhar duro nem sempre é a mesma coisa que produzir grandes resultados. O descanso é uma das chaves para ser superprodutivo. Quando o sono é ruim ou de baixa qualidade, a produtividade e a criatividade caem drasticamente.

Em vez de agendar seu descanso em torno do trabalho, você deve aprender a gerenciar seu trabalho em torno do descanso, e a boa notícia é que o Smart Working e o trabalho remoto permitem que você faça isso. Aprenda a se organizar, a planejar seus momentos de descanso e relaxamento com antecedência e adicionar compromissos de trabalho em torno de seus momentos sagrados. Você viverá o dia com mais alegria e isso permitirá que recarregue suas baterias físicas, mentais e emocionais.

Mas, além de descanso e relaxamento, pequenas pausas do trabalho também são importantes. Pesquisas sobre o equilíbrio entre trabalho e descanso para melhorar o desempenho concordam que o corpo precisa de um descanso a cada 90–120 minutos (Carciofi, 2017).

A pausa deve ser uma verdadeira pausa no que você está fazendo. Tem que haver uma mudança drástica que fomente a experiência da pausa. Você tem que parar de fazer o que estava fazendo e fazer algo completamente diferente, então você tem que fazer o oposto do que estava fazendo no trabalho:

- *Se você fica sentado o tempo todo, dê uma caminhada, faça alguns exercícios ou alongamento.*

- *Se você teve que falar em uma reunião, passe alguns momentos em silêncio.*

- *Se você esteve trabalhando em silêncio o tempo todo, comece a falar ou ponha alguma música.*

- *Se você esteve trabalhando online, a pausa deve ser offline.*

- *Se você esteve trabalhando em interiores, saia ao exterior, tome sol e respire ar fresco.*

Isso é o que você não deve fazer durante o descanso:

- *Se esteve digitando no computador, não comece a ler alguma coisa. Cuidado com a sobrecarga de informação.*

- *Se você esteve trabalhando no computador, não verifique seus e-mails ou redes sociais.*

- *Não coma junk food ou alimentos com excesso de açúcar que mais tarde causam uma queda de energia.*

- *Não fique colado ao seu smartphone como um*

toxicodependente em busca de dopamina.

¿ Você se lembra de que precisa mudar seu foco do mundo externo para o mundo interno? Aproveite o descanso sem tecnologia! Cada vez que você decide se dar um descanso de qualidade, você está cuidando de si mesmo.

Como Aumentar a Produtividade

Logo pela manhã, trabalhe em sua tarefa mais importante. Mergulhe na tarefa e elimine distrações. Desfrute do processo. Não faça mais nada até terminar. Faça uma pequena pausa e depois prossiga com sua próxima tarefa mais importante.

É útil criar blocos de tempo focalizados para aumentar a produtividade. Um bloco focalizado é um intervalo de tempo gasto trabalhando em uma tarefa. Ao trabalhar em uma tarefa em um bloco de tempo, você deve desligar todas as outras distrações.

Dependendo do tipo de trabalho que você faz e da concentração necessária, você pode criar blocos de concentração de 90, 50 ou 25 minutos. Por exemplo:

- *90 minutos + 20 minutos de descanso*

- *50 minutos + 10 minutos de descanso*

- *25 minutos + 5 minutos de descanso*

A recomendação é fazer blocos de 50 minutos, pois a partir de 40-45 minutos ocorre uma diminuição fisiológica na retenção de informações, da energia e, portanto, produtividade (Formisano, 2016). Mas às vezes podemos ser mais eficientes com 90 minutos e às vezes com 25. O importante é fazer uma pausa antes da queda fisiológica.

Portanto, acostume-se a planejar seu trabalho a partir de agora, priorize e foque na tarefa mais importante. Concentre-se apenas nele e não faça mais nada até que esteja terminado.

Isso significa trabalhar no modo "foco único". Selecione uma tarefa, comece a trabalhar nela e force-se a concluí-la antes de passar para a próxima.

Foco Único ou Monofocalização

Esse princípio foi popularizado pelo especialista em

gerenciamento de tempo Alan Lakein. Seus estudos revelaram que toda vez que você deixa de lado um trabalho e se concentra em outra coisa, você perde impulso e ritmo, mas não só isso, você também perde a sua marca, por assim dizer (Tracy, 2015).

Ao retornar, você terá que revisar o trabalho realizado novamente para voltar aos trilhos e esse processo pode levar até 500% do tempo que levaria para concluir um trabalho se você o fizesse do início ao fim. Brian Tracy também apoia o princípio de foco único, que pode reduzir o tempo necessário para concluir uma tarefa importante em 80% e melhorar significativamente sua qualidade (Tracy, 2015).

Aumento da Concentração

Se tivermos a capacidade de aumentar nossa concentração, podemos aumentar nossa produtividade. Ficar focado é muito importante. Como nos disse Earl Nightingale, todas as grandes realizações na vida são precedidas por um longo e ininterrupto período de concentração.

Daniel Goleman diz que nossa atenção não é como um balão que pode se expandir para abranger mais coisas ao mesmo tempo, mas pode ser comparada a um tubo fino, que só pode conduzir um líquido em uma direção: em vez de dividi-la entre duas atividades, oscilamos rapidamente entre as duas, uma transição que ainda envolve um enfraquecimento em comparação com a concentração total.

Quando começamos a trabalhar em nossa tarefa mais importante, devemos ser capazes de perseverar sem ser distraídos por nada ou ninguém.

"Concentração é uma questão de decidir o que não fazer."

John Carmack

Se há algo a evitar, é a multitarefa, que nada mais é do que uma "troca de tarefas". Este é um desperdício desnecessário de energia. Muitas pessoas pensam que a multitarefa é eficiente, mas a multitarefa não é eficiente nem eficaz; Leo Babauta ressalta que é menos eficiente, devido à necessidade de trocar de marcha a cada nova tarefa e depois trocar novamente. A multitarefa é complicada e, portanto, deixa você mais sujeito ao estresse e aos erros (Babauta, 2009). Pessoas que estão mais estressadas em ambientes multitarefa também usam mais a raiva em seus e-mails (Akbar et al., 2019).

A multitarefa tem efeitos negativos. Hoje em dia, estudos têm mostrado que o ser humano pode, na verdade, fazer duas ou mais coisas ao mesmo tempo, por exemplo, andar e falar, comer algo e ler; mas não podemos nos concentrar em duas coisas ao mesmo tempo (Keller, 2018).

> "Fazer duas coisas ao mesmo tempo é como não fazer nenhuma."
>
> Publilio Sirio

Se você tentar fazer duas coisas ao mesmo tempo, não fará nenhuma delas bem. Como Steve Uzzell disse, a multitarefa é simplesmente a oportunidade de estragar mais de uma coisa ao mesmo tempo.

O fato é que nossos cérebros não foram projetados para funcionar assim. Uma pesquisa na Universidade de Stanford mostra que as pessoas que realizam multitarefas são, na verdade, menos produtivas do que aquelas que não o fazem e são significativamente piores na hora de mudar de uma tarefa para outra (Bradberry, sd.). A qualidade de seu trabalho é, consequentemente, muito inferior à daqueles que rejeitam a multitarefa. Pior, a multitarefa realmente reduz a produtividade ao longo do tempo (Zeloni Magelli, 2020).

Do ponto de vista biológico, isso faz sentido, pois o cérebro enfraquece com o tempo e não se pode esperar que seja capaz de manter o ritmo (Zeloni Magelli, 2020). O declínio cognitivo derivado da multitarefa não é temporário.

Pesquisadores da Universidade de Sussex, no Reino Unido, compararam a quantidade de tempo que as pessoas passam com vários dispositivos (como mensagens de texto enquanto assistem TV) com exames de ressonância magnética de seus cérebros. Eles descobriram que pessoas que fazem multitarefas tinham menos densidade cerebral no córtex cingulado anterior, a região do cérebro responsável pela empatia e controle cognitivo e emocional (Bradberry, n.d.).

O principal autor deste estudo - o neurocientista Kep Kee Loh - alerta: "Acho importante aumentar a conscientização de que a maneira como interagimos com os dispositivos pode estar mudando a maneira como pensamos, e essas mudanças podem estar ocorrendo no nível da estrutura do nosso cérebro".

Vivemos em um mundo multitarefa. Como Gary Keller argumenta, não é que tenhamos muito pouco tempo para fazer todas as coisas que precisam ser feitas, mas sim que sentimos que temos que fazer muitas coisas no tempo de que dispomos. O resultado líquido é um trabalho de baixa qualidade que apenas aumenta o número de coisas que temos que fazer, exatamente o oposto do que seria o objetivo principal.

Tudo isso causa estresse e enfraquece o sistema imunológico. O estresse também reduz nossos níveis de energia, quando temos pouca energia, nossa concentração desaparece e a produtividade despenca. A concentração é a ferramenta mais importante para ser mais eficaz. Tente se concentrar na tarefa em questão. Concentre-se no momento presente. Focar no momento presente pode fazer muito por você. Ajuda a reduzir o estresse. Ajuda você a aproveitar a vida ao máximo e a aumentar sua eficácia (Babauta, 2009).

"Com o passado não tenho nada a fazer; nem com o futuro. Vivo no agora."

Ralph Waldo Emerson

Gestão do E-mail

Visto que muito tempo produtivo é desperdiçado gerenciando e-mails, é importante abordar essa questão. Os ambientes de trabalho são caracterizados por interrupções frequentes que podem causar estresse. No entanto, as medidas de estresse devido a interrupções não vêm principalmente de outras pessoas, mas muitas vezes são obtidas de autorrelatos, que podem ser influenciados por vieses de memória e distorções emocionais (Akbar et al., 2019).

Uma das principais fontes de interrupção do trabalho é o e-mail. Estudos descobriram que quanto maior o tempo diário gasto com e-mail, menor a produtividade percebida e maior o estresse detectado (Mark et al., 2016), e que um aumento na produtividade e uma diminuição no estresse podem ser alcançados se o número de acessos ao e-mail for limitado, o tamanho da caixa de entrada for gerenciado e um bom protocolo de e-mail for usado (Armstrong, 2017).

Além disso, foi demonstrado que o uso intensivo de e-mail pode prejudicar a capacidade de concentração, pode aumentar o esquecimento e a incapacidade de resolver problemas no trabalho de forma eficaz (Franssila et al., 2014) e que a sobrecarga de e-mails pode gerar o chamado "tecno-estresse", ou seja, a incapacidade de lidar com as tecnologias de informação e comunicação que podem causar estresse e exaustão (Lowrie, 2019) [2].

[2]. O tecno-estresse é baseado no conceito fundamental de estresse (Brod, 1984), que compreende: (1) o estado interno do corpo (ou tensão); (2) um evento externo (ou estressor); e (3) uma experiência que surge de uma transação contínua entre uma pessoa e seu ambiente. Isso ocorre além do estresse geral do trabalho, que é visto como as respostas físicas e emocionais prejudiciais que ocorrem quando os requisitos do trabalho não correspondem às capacidades, recursos e necessidades do trabalhador (Bondanini et al. 2020).

Foi definido como qualquer consequência negativa que afeta as atitudes, pensamentos, comportamentos ou fisiologia do corpo que é causada direta ou indiretamente pela tecnologia

(Weil e Rosen, 1997) e também como o estresse que os usuários experimentam como resultado da multitarefa , conectividade constante, sobrecarga de informações, atualizações frequentes do sistema e incerteza resultante, reaprendizagem constante e inseguranças resultantes no trabalho e problemas técnicos associados ao uso organizacional de TIC: Tecnologias de Informação e Comunicação. (Tarafdar et al. 2010).

O estresse tecnológico afeta a satisfação no trabalho, o comprometimento organizacional e o desempenho dos funcionários; também é considerado um estado psicológico negativo relacionado ao uso atual ou futuro (ou mau uso) de tecnologia (Salanova et al. 2014) que tem um grande impacto social em nossas vidas. Na verdade, os estudiosos apontam que a tecnologia pode ser uma ameaça ao nosso conjunto de normas estabelecidas e padrões de comportamento que nos fazem adaptar ao nosso ambiente e, portanto, traz consigo reações emocionais negativas, ansiedade e medo. Essa ambivalência se expressa por meio da tecnofobia (rejeição e/ou evitação da tecnologia) e da tecnofilia (atração e adoção entusiástica da tecnologia) (Bondanini et al. 2020; Martínez-Córcoles, 2017).

Apesar de seus benefícios para organizações e trabalhadores, o trabalho remoto traz consequências negativas, como o estresse tecnológico (Molino et al. 2020).

Um grupo de pesquisadores (Molino et al. 2020) aponta que as demandas dos trabalhadores e os níveis de carga de trabalho devem ser controlados por supervisores e gerentes. A prática do trabalho "sempre ligado" que incentiva o trabalho remoto é um desafio para os colaboradores em termos de fadiga física e mental.

Devido às características do trabalho remoto, que é principalmente uma atividade domiciliária, as demandas da organização tendem a exceder as horas normais de trabalho e a carga de trabalho com consequências incontestáveis para o desempenho individual e organizacional e bem-estar (Molino et al. 2020).

Sobre as **regras de comportamento em relação ao e-mail**, Alessio Carciofi, um especialista em transformação digital, nos dá algumas dicas:

- *Aceder apenas às nossas bandejas de e-mail em determinados horários ou blocos do dia. E algumas vezes ao dia. Essa abordagem de "lote" (batching) economiza tempo e aumenta nossa atenção.*

- *Estabeleça um limite de tempo para cada lote / tempo de acesso aos e-mails. Desta forma, atenderemos apenas os e-mails mais importantes e não perderemos tempo com spam.*

- *Não mantenha a janela do e-mail aberta quando estiver fazendo outras coisas.*

- *Cancele a assinatura de boletins informativos que não nos interessam e remova todas as notificações push.*

Pessoas que verificam o e-mail principalmente em resposta a notificações de e-mail relatam menor produtividade do que aquelas que se interrompem para checar e-mail (Mark et al., 2016), este é também o motivo pelo qual o batching [3] é útil .

[3]. O termo "batching" refere-se a um modo de "execução agrupada", "agregação de tarefas", "batch" ou "divisão em blocos". É uma técnica de aumento de produtividade que consiste em agrupar atividades do mesmo tipo para realizá-las em um determinado bloco de tempo. Essa técnica também se aplica ao gerenciamento de e-mail.

Com essa abordagem, você só vai pensar em sua caixa de entrada em determinados momentos. Se você checar seus e-mails constantemente, mesmo rapidamente, sua atenção será desviada da tarefa em questão. Mesmo que você volte para sua tarefa, a caixa de entrada ainda ocupa espaço em sua mente. Essa abordagem ajuda a limitar as distrações, manter o foco e perder menos tempo. Isso aumentará sua eficácia.

Um estudo encomendado pela Hewlett-Packard descobriu que os trabalhadores que se distraem continuamente com ligações, e-mails e telefone diminuem seu QI em uma média de 10 pontos (Carciofi, 2017).

Cal Newport, que estudou o fenômeno da troca de rede com psicólogos e neurocientistas, confirma que "nossas mentes não podem fazer essas mudanças contextuais rápidas de uma coisa para uma caixa de entrada, de volta para a mesma coisa, de volta para a mesma "caixa de entrada". A troca de rede pode levar o cérebro de 5 a 15 minutos, essa troca constante esgota nosso cérebro e causa ansiedade (Newport, 2021). [4]

4. Na computação, a comutação de rede é o processo de canalizar dados recebidos de qualquer número de portas de entrada para outra porta designada, que transmitirá os dados ao destino desejado. O dispositivo pelo qual os dados de entrada passam é chamado de switch (Griffin, 2019).

Após uma distração, leva cerca de 15 minutos para retomar o trabalho interrompido e 24 minutos para retornar ao modo de foco. Essa não é a maneira correta de trabalhar. Já discutimos os efeitos negativos da multitarefa. As pessoas não são boas em mudar rapidamente de uma tarefa para outra, o cérebro humano não pode fazer isso rapidamente. Mudar constantemente de uma tarefa para outra não é saudável.

"O e-mail não é um problema técnico. É um problema de pessoas".

Merlin Mann

O e-mail é uma ferramenta amplamente utilizada na vida profissional por ser muito eficaz. Resolveu muitos dos problemas associados a ferramentas de mensagens antigas, como telégrafo, telex, AUTODIN, fax e correio de voz. O problema é a utilização que lhe é dada. Já provamos que a tecnologia afeta o comportamento humano. A verificação constante e compulsiva de e-mail está sabotando as mentes dos trabalhadores: fadiga mental, mentes turvas, perda de clareza mental, estresse, distrações, perda de concentração.

Pode ajudar ter um **método para processar e-mails** rapidamente. Leo Babauta - escritor e autor do blog Zen Habits - nos dá algumas dicas a esse respeito:

- *Comece de cima para baixo, um e-mail de cada vez.*

- *Abra cada e-mail e exclua-o imediatamente. Suas opções: excluir, arquivar (para referência posterior), responder rapidamente (e arquivar ou excluir a mensagem), colocá-la em sua lista de tarefas (e arquivar ou excluir a mensagem), realizar a tarefa imediatamente (se demorar para vocês dois minutos ou menos - então arquive ou apague), ou encaminhe (e arquive ou apague).*

Com este método, o e-mail acaba sendo arquivado ou excluído. E recomenda que você o exclua de sua caixa de entrada imediatamente e nunca o deixe ali. Isto deve ser feito rapidamente e depois passar para o próximo e-mail. Não tenha medo de excluir um e-mail - qual é a pior coisa que pode acontecer se você o apagar? Se a resposta não for negativa, exclua e siga em frente. Com a boa prática, você pode passar algumas dezenas de mensagens muito rapidamente (Babauta, 2009).

Isso o ajudará a economizar tempo, energia e recursos físicos e mentais, mesmo por **não responder a e-mails**. Não responder a um e-mail pode parecer indelicado, mas às vezes é necessário. Não podemos dedicar nosso tempo a todos. O tempo é um recurso muito precioso e limitado. Honrar o extraordinário dom da vida também significa usar nosso tempo da melhor maneira possível. Portanto, é dever divino não perder tempo respondendo e-mails que não agregam valor à nossa vida.

Qual é a pior coisa que pode acontecer se você não responder? É algo que possa lhe interessar? É um e-mail incompleto e descuidado? É ambíguo e confuso? Alguns e-mails não merecem ser respondidos. Se um e-mail consumir recursos mentais valiosos, não responda. Valorize seu tempo.

Resumindo: nada de e-mails à noite ou nos finais de semana!

Aprenda a Administrar as Distrações

Se seu trabalho é em um ambiente ruidoso, você deve tentar dobrar sua concentração ignorando os ruídos ao redor. Ser capaz de se concentrar estando em um espaço fechado é uma indicação de atenção seletiva, que é a capacidade neural de se concentrar em uma única coisa enquanto ignora um mar de outros estímulos, qualquer um dos quais poderia capturar sua atenção (Goleman, 2016)

Principalmente, existem distrações sensoriais e distrações emocionais.

As distrações sensoriais são mais fáceis de lidar: por exemplo, ao ler este livro, você ignora as roupas em sua pele ou as páginas de papel que está tocando, essas são apenas uma pequena parte dos inúmeros estímulos que seu cérebro remove do contínuo fluxo de sensações de fundo que envolvem os cinco sentidos.

Distrações emocionais, por outro lado, são mais perigosas. Não importa o que você esteja fazendo, mas se ouvir seu nome ser mencionado – o que tem um apelo emocional para você – sua atenção deixará o que você está fazendo e irá para a voz da pessoa que falou seu nome.

Mesmo pessoas com boa capacidade de atenção podem sucumbir a distrações emocionais. Por exemplo, se você discutiu com um ente querido, será difícil manter a mente clara.

O problema é que, quando perdemos o foco, nosso desempenho cai drasticamente e ficamos menos produtivos. Pesquisa da Harvard Business School identificou uma redução na atividade criativa quando o trabalho é continuamente interrompido por qualquer tipo de distração (Carciofi, 2017).

Melhorar nossa concentração é essencial. Visto que para nos concentrarmos também devemos silenciar nossas distrações emocionais, o circuito neural da atenção seletiva inclui o da inibição das emoções: isso significa que as pessoas que se concentram mais, são relativamente imunes à turbulência emocional, têm menos dificuldade de se manterem imperturbáveis em momentos de crise. e permanecer estável em meio ao fluxo das emoções da vida (Goleman, 2016).

Goleman nos diz que o esforço para focar em uma coisa e ignorar todo o resto representa uma espécie de conflito para o cérebro. Nesses conflitos mentais, o papel de mediador é desempenhado pelo córtex cingulado anterior (ACC), que identifica esses problemas e instrui outras partes do cérebro a resolvê-los. Para manter a concentração em um objeto, o ACC apela para as áreas pré-frontais responsáveis pelo controle cognitivo, que silenciam os elementos que distraem e amplificam aqueles aos quais queremos reservar nossa atenção (Goleman, 2016).

Para facilitar esses processos mentais e cerebrais, será muito útil ter um ambiente potencializador ao seu redor.

Um Ambiente Potencializador

Seu ambiente deve apoiar seus objetivos. Seu ambiente é feito de tudo que você experimenta diariamente: lugares, aspectos sociais, coisas, ferramentas e pessoas ao seu redor. Você precisa prestar atenção. Qualquer pessoa e qualquer coisa a qualquer momento podem roubar sua atenção e tirar seu poder.

Em primeiro lugar, certifique-se de trabalhar em um **ambiente de trabalho limpo e organizado**. A desordem está cheia de distrações potenciais. Afasta a sua atenção da tarefa mais importante para outros mundos, como memórias, tarefas ou outras coisas para fazer.

Um ambiente limpo melhorará sua energia e seu humor, aumentará sua motivação e o deixará mais confortável.

Ajudará muito criar um **escritório minimalista**. Permitirá que você tenha a mente mais clara, para que possa se concentrar melhor na tarefa que tem pela frente. Um escritório organizado estimula a concentração e permite que você trabalhe com mais clareza.

Lembre-se de que todo dia é um grande dia para novas ideias e oportunidades. Uma escrivaninha desordenada com trabalhos de dias anteriores deixa você no passado. Em vez disso, com uma "nova" área de trabalho todos os dias, você será encorajado a novas possibilidades; Mesmo que você trabalhe em um projeto anterior, verá as coisas sob uma nova luz e o ajudará a inovar.

Aqui vão algumas dicas para você começar:

- *Reduza os objetos em sua área de trabalho. Elimine tudo o que não seja essencial. Não deve haver objetos desnecessários ocupando espaço em sua mente.*

- *Arrume as coisas em suas gavetas. Você não precisa ter coisas ou projetos em sua mesa. Você terá coisas ou projetos à mão em suas gavetas, mas apenas a tarefa mais importante em sua mesa.*

- *Não deixe os projetos pela metade. Eles consomem recursos mentais em segundo plano. Se eles exigirem pouco tempo para serem concluídos, conclua-os! Caso contrário, guarde-os na gaveta.*

- *Coloque a mesa do seu computador em ordem. Isso o ajudará a limitar as distrações e não prejudicará sua clareza mental.*

- *Antes de encerrar a jornada de trabalho, coloque tudo em ordem.*

Tudo isso lhe dará uma maior sensação de calma e serenidade e uma mente mais eficiente. Menos desordem mental significa mais recursos para nossos processos cognitivos.

Outra dica é usar um **computador dedicado apenas ao trabalho**. Não trabalhe com seus dispositivos pessoais. Aconselho também que tenha um dispositivo dedicado (desktop, laptop ou tablet) para cada tipo de tarefa. Por exemplo: 1 para gráficos e vídeos apenas, 1 para redação, 1 para gerenciamento de e-mail, 1 para mídia social etc.

Isso o ajudará a limitar as distrações e a se concentrar melhor na tarefa em questão. Se quiser ir mais longe, recomendo que também tenha **salas dedicadas** a cada tipo de tarefa e atribuição. Isso lhe dará o poder extraordinário de entrar direto no fluxo de produtividade extrema.

A questão é que você deve escolher um lugar que possa dedicar especificamente para essa tarefa. Se você fizer esse trabalho, no mesmo lugar de distração ou lazer, é para lá que sua mente irá. Escolha um local que proporcione total clareza mental, de modo que você não tenha nada em que pensar além dessa tarefa. De certa forma, os lugares são âncoras que ativam certos estados mentais e emocionais (Zeloni Magelli, 2020).

Os lugares são campos de energia. As energias de seus pensamentos permanecem em cada cômodo. Pense na vantagem de acessar aquele local e poder sintonizar rapidamente as frequências necessárias para realizar esta atividade. Essa estratégia também torna possível facilitar as mudanças de contexto e a comutação de rede. Você será muito mais produtivo e terá uma lendária clareza mental quando realizar as tarefas.

Seus cômodos devem ter um ar de qualidade. O ar que respiramos é muito importante para nossa saúde. Nosso bem-estar mental e físico também depende do ar que respiramos. É por isso que recomendo ter instalações de purificação de ar no ambiente de trabalho.

Infelizmente, existem produtos químicos no ambiente interior que vêm das bases e fundações, das paredes, móveis, plásticos, adesivos, tintas, eletrônicos e produtos de limpeza, como: benzeno, tricloroetileno, formaldeído, pentaclorofenol, clorometano, cloreto de amônio, monóxido de carbono, acetona, radônio, xileno, tolueno e outros; eles são compostos orgânicos voláteis. [5]

5. Compostos orgânicos voláteis (VOCs) são uma ampla classe de compostos químicos que existem como gases em temperatura e pressão ambiente padrão. São compostos como acetona, benzeno e formaldeído que são emitidos na forma de gases e podem causar efeitos na saúde a curto e longo prazo quando inalados (American Chemical Society, 2016).

Os riscos à saúde associados a esta grande classe de produtos químicos variam de náusea aguda e fadiga a danos ao sistema nervoso central e câncer (Jones, 2015). O Dr. Vadoud Niri, da Universidade Estadual de Nova York em Oswego, confirma que a inalação de grandes quantidades de COVs pode levar algumas pessoas a desenvolver a síndrome do edifício dœnte, o que reduz a produtividade e também pode causar tonturas, asma ou alergias (American Chemical Society, 2016).

A solução mais eficaz é fornecida pela Mãe Natureza: as plantas. O uso de plantas para remover produtos químicos do ar interno é chamado de biofiltração ou fitorremediação. A fitorremediação é o processo pelo qual as plantas e seus micróbios radiculares removem os poluentes do ar e da água. A biofiltração de plantas é uma tecnologia promissora que pode ajudar a resolver problemas globais generalizados causados pela poluição do ar (Wolverton & Nelson 2020).

Os VOCs são encontrados em concentrações muito mais altas em ambientes fechados do que ao ar livre, com concentrações especialmente altas em novos edifícios. Algumas plantas têm a capacidade de remover VOCs do ar, mas a eficiência da remoção depende dos compostos químicos e do mecanismo de absorção usado por cada planta (Jones, 2015). As raízes das plantas e seus micro-organismos associados destrœm vírus patogênicos, bactérias e produtos químicos orgânicos, eventualmente convertendo todos esses poluentes do ar em novos tecidos vegetais (Wolverton et al., 1989).

Felizmente, existem algumas espécies de plantas que são capazes de combater a poluição do ar interior. As plantas nesta lista são capazes de filtrar muitos tipos de VOCs. A redução de COVs é variada, mas onipresente entre todas as plantas, e algumas delas – como os cactos – até se destacam por absorver eletrosmog:

- *Bromélia – Guzmania lingulata*

- *Palmeira Areca – Dypsis lutescens*

- *Palmeira da India – Rhapis excelsa*

- *Palmeira de bambu – Chamaedorea seifrizii*

- *Planta da Borracha/Falsa Seringueira – Ficus robusta o Ficus elastica*

- *Dracena "Janet Craig"*

- *Hera – Hedera Helix*

- *Palmeira Fenix – Phoenix roebelenii*

- *Ficus Macleilandii Alii*

- *Samambaia Americana – Nephrolepis exaltata "Bostoniensis"*

- *Lirio da paz – Spathiphyllum*

- *Dracena fragrans "Massangeana" – Pau d'água*

- *Jibóia ou hera-do-diabo – Epipremnum aureum*

- *Samambaia Kimberley Queen - Nephrolepis obliterata*

- *Gerbera jamesonii*

- *Dracena deremensis*

- *Dracena marginata*

- *Philodendron Erubescens*

- *Syngonium podophyllum*

- *Cana Muda - Dieffenbachia "Exotica Compacta"*

- *Palmeira Fortuna - Chamaedorea elegans*

- *Benjamín/Figo Chorão - Ficus benjamin*

- *Schefflera arboricola*

- *Begonia semperflorens*

- *Philodendron selloum*

- *Philodendron oxycardium*

- *Sansevieria trifasciata*

- *Dieffenbachia "Camilla"*

- *Philodendron domesitcum*

- *Hamalomena wallisii*

- *Maranta leuconeura*

- *Cacto Flor de maio - Schlumbergera buckleyi*

- *Cacto da Páscoa/Cacto primavera - Schlumbergera gaertneri*

- *Clorofito/Planta Aranha/Gravatinha - Chlorophytum comosum*

- *Aglaonema crispum*

- *Croton - Codiaeum veriegatum pictum*

- *Azaléia - Rhodedendron simsii "Compacta"*

- *Calathea makoyana*

- *Aloe Vera - Aloe barbadensis*

- *Cereus Peruvianus*

- *Consola facata*

- *Cassula argentea*

- *Tillandsia Cyanea*

A Mãe Natureza nos fornece a tecnologia mais avançada e eficaz para reduzir a poluição e as ondas eletromagnéticas, e há outros benefícios em ter plantas em nossos cômodos.

Também foi descoberto que ter a oportunidade de olhar intencionalmente para as plantas próximas diariamente no ambiente de trabalho pode reduzir o estresse psicológico e fisiológico (Toyoda et al. 2020).

Finalmente, para concluir esta análise do ambiente potencializador, lembre-se de que você não trabalha em uma ilha deserta. Todos os dias você interage com outras **pessoas que o influenciam**. Essas pessoas influenciam sua mentalidade, sua saúde e sua produtividade. Não subestime o poder das pessoas ao seu redor. Como Jim Rohn nos ensinou: *"Você é a média das cinco pessoas com quem passamos mais tempo."*

As pessoas ao seu redor são mais importantes do que você pensa. Todos nós conhecemos os ditados: *"Se andas com um coxo, aprendes a coxear"* ou *"Diga-me com quem você anda e eu direi quem você é"*.

Quando você encontra ou trabalha com certas pessoas, inevitavelmente adota certos traços de sua mentalidade e personalidade.

Amigos, família e colegas que geralmente não são positivos irão contaminá-lo com sua negatividade. A mentalidade é contagiante; ele se espalha facilmente.

Cerque-se das pessoas certas. Aproxime-se das pessoas que apoiam seus objetivos e afaste aqueles que não o fazem.

Você precisa estar com pessoas que não lhe tiram o poder, mas o energizam. Você precisa estar cercado de pessoas positivas que o encorajam e o ajudam. Estar com pessoas que pensam no sucesso cria o que os pesquisadores chamam de "espiral positiva de sucesso" que levanta você e lhe dá ímpeto (Keller, 2018).

Crie um ambiente focado na produtividade que apoie seu objetivo na vida; lembre-se de que você nunca ganha ou perde sozinho. Por isso é importante ter um grupo de trabalho e uma boa equipe. Mas isso, veremos em outro momento...

3. A Importância da Colaboração

Embora o primeiro estágio do sucesso ocorra inicialmente em nossas mentes, através da nossa capacidade de imaginação, depois se torna uma questão de habilidade e capacidade de colaborar e cooperar com os outros. O sucesso pode ser atribuído a muitas coisas, mas os principais fatores estão nas habilidades e na comunicação com as pessoas ao seu redor. O ditado "nenhum homem é uma ilha" é verdadeiro, na medida em que outras pessoas são necessárias para fazer as coisas. Isso é especialmente verdadeiro para empresas, que muitas vezes têm projetos que exigem a colaboração de muitos funcionários, por isso formam equipes. A importância da colaboração não deve ser subestimada; é uma ferramenta essencial para a construção de projetos sólidos.

Colaboração é uma participação ativa, uma relação sinérgica entre duas ou mais entidades trabalhando juntas para produzir algo melhor do que elas poderiam fazer sozinhas. Então, basicamente, a colaboração pode ser definida como o trabalho conjunto de funcionários, e às vezes diretores, em direção a um objetivo comum. Esses objetivos podem ser projetos que se enquadram no quadro geral da empresa e fazem parte dos objetivos da mesma. Também pode haver colaboração no trabalho em prol da cultura corporativa e da reputação que a empresa deseja transmitir.

A união faz a força e a melhor forma de expressá-la é por meio da colaboração dentro das empresas para o alcance de objetivos. A colaboração reúne funcionários com diferentes perspectivas, habilidades, ideias e níveis de criatividade. As empresas precisam cada vez mais do conhecimento de vários profissionais, com especialidades muito diversas, para trabalhar bem em equipe e colaborar eficazmente entre si para um maior entendimento.

"Na longa história da humanidade (e também do reino animal), aqueles que aprenderam a colaborar e a improvisar mais eficazmente prevaleceram."

Charles Darwin

Os recursos humanos são essenciais para os problemas porque, embora muitos processos possam ser automatizados, os funcionários têm ideias que impulsionam o que a automatização torna constante. Esta forma de resolver problemas é o que define uma empresa como forte, sugere uma boa cultura de trabalho, diversificada e respeitosa e com capacidade para produzir os melhores resultados possíveis. A colaboração é a base de todos os processos de trabalho e garante que trabalhemos para um objetivo comum. Embora ter a melhor e mais atualizada tecnologia seja útil para uma empresa, a base de um bom trabalho ainda é a troca de ideias e habilidades entre os funcionários. Também ajuda os funcionários a encontrarem suas funções na empresa. Isso é feito definindo um objetivo comum e uma equipe trabalhando nele. Assim, os funcionários podem determinar suas melhores habilidades e isso lhes permite atingir o máximo de produtividade ao trabalhar com outras pessoas com habilidades diferentes.

Fig. 5: A colaboração permite o compartilhamento de conhecimento e conduz à eficácia.

O sucesso de uma empresa geralmente está na capacidade de colaboração dos funcionários, bem como no planejamento da administração para facilitar e permitir que a colaboração cresça e se desenvolva. Para uma empresa se desenvolver e se tornar líder em sua área, ela deve priorizar a colaboração. Independentemente da empresa usar um modelo de trabalho ágil ou remoto, a comunicação e a capacidade de trabalhar por um objetivo comum é o que definirá uma empresa. Ideias inovadoras e frescas geralmente nascem da colaboração. A combinação de habilidades e ideias novas e criativas em um ambiente seguro, confortável e estimulante levará à realização dos objetivos da empresa.

As equipes de maior sucesso são aquelas que colaboram e trabalham juntas da melhor maneira, onde todos os membros estão envolvidos e ativamente envolvidos no projeto. Todas as equipes vencedoras têm associações vencedoras.

Benefícios da Colaboração

Como já mencionado, a colaboração é essencial para atingir os objetivos empresariais. Porém, a colaboração traz outros benefícios além da realização de projetos e do alcance de objetivos. Vamos explorar esses aspectos, começando por um maior **sentido da flexibilidade**. À medida que equipes e funcionários colaboram com mais frequência, eles começam a formar uma familiaridade que solidifica os relacionamentos. Isso permite que eles atinjam seus objetivos com mais rapidez e facilidade.

A vantagem disso é que quando uma empresa precisa introduzir algo novo ou fazer mudanças, os funcionários já têm um senso de flexibilidade e estarão preparados. A segunda vantagem da colaboração é o aumento do **engajamento.** Quando os funcionários começam a trabalhar juntos com mais frequência, eles se integram uns com os outros, com novas ideias e habilidades diferentes. Isso melhora a produtividade geral de uma empresa e garante que os funcionários não estagnem, que não fiquem insatisfeitos no trabalho e, em última análise, não deixem de atingir os objetivos da empresa.

A produtividade de uma empresa também aumenta porque a colaboração permite dividir a carga de trabalho entre seus membros. Isso reduz a pressão sobre os indivíduos e garante que os objetivos sejam alcançados mais rapidamente.

Outra grande vantagem é que a **resolução de problemas** se torna mais eficaz e eficiente, pois temos a oportunidade de comparar nossas ideias com as de outras pessoas. Quando combinamos diferentes cérebros com diferentes habilidades e competências, estamos mais bem equipados para resolver problemas. Essa união de cérebros também nos ajuda a desenvolver novos pontos de vista e a ter uma visão mais ampla da realidade. Dessa forma, podemos entender melhor o que fazer e por quê. Esse fenômeno se amplia quando temos uma equipe muito heterogênea (diferentes idades, gêneros, experiências e nacionalidades), pois significa ouvir diferentes opiniões sobre uma questão. O problema não será abordado apenas de um ângulo e a equipe poderá ter uma visão mais ampla.

A colaboração também promove a **transferência de aprendizagem**. Trabalhando em equipe, você tem a oportunidade de aprender com as experiências de outros integrantes da equipe, o que incentiva a aquisição de novas competências. Todos os membros de um grupo aprendem algo novo com os outros. Todos têm conhecimentos que os outros não têm.

Por fim, a colaboração garante que os encontros sejam mais frutíferos e isso se deve à cultura da colaboração. Isso significa que as reuniões são mais curtas e informativas, pois os funcionários estão mais dispostos a concluir suas tarefas trabalhando com outras pessoas para atingir seus objetivos.

Dicas para a Colaboração

A introdução da colaboração pode levar tempo e requer um

plano para ter sucesso. Aqui estão algumas dicas para fazer da colaboração na sua empresa um sucesso. A colaboração deve começar no local de trabalho com uma **abordagem descendente**. Isso significa que a colaboração deve começar com os executivos e gerentes, eles devem trabalhar juntos como uma equipe para atingir os objetivos e que se enraízem na cultura da empresa. Ao comprometer executivos e gerentes com o cumprimento dos valores e objetivos centrais da empresa, os funcionários também começarão a abraçar a colaboração, o que os tornará mais eficientes e eficazes na realização de seus objetivos. Além disso, aumentará o comprometimento, pois as figuras de autoridade de uma empresa mostram o que é desejável para a empresa e os funcionários tenderão a recorrer à colaboração em primeiro lugar.

Outra prática que vai melhorar a colaboração é um **esquema de recompensas e incentivos**. Além de recompensas e incentivos individuais, que muitas vezes são fatores motivadores para atingir um objetivo empresarial, as empresas também devem adotar incentivos para equipes. Isso incentivará a colaboração, pois os funcionários não só recebem bônus, mas o fazem através de um desempenho de trabalho eficaz e eficiente. Desta forma, bons relacionamentos também serão criados entre colegas, em vez de rivalidade.

Para que a colaboração faça parte da cultura da empresa, é

necessário estabelecer diretrizes boas e claras. Uma **comunicação clara** é a chave para entender por que os funcionários devem trabalhar juntos. A comunicação também fornecerá um caminho claro sobre como usar a colaboração para atingir metas e objetivos.

Ter uma **comunicação eficaz** também é importante em outros aspectos. Promove a troca de conhecimentos, resolve mal-entendidos e ajuda a manter a equipe unida. Quando a comunicação e a empatia entre os membros são desenvolvidas e promovidas, desenvolve-se um espírito de colaboração que cria um ambiente propício para a troca e o debate construtivos. É criado um clima de confiança, no qual as pessoas trabalham em harmonia em prol de um objetivo comum, no qual até os menos expansivos podem se expressar e contribuir.

A colaboração eficaz entre as pessoas pode ser facilitada pela **tecnologia.** Existem várias ferramentas disponíveis e o conselho é escolher ferramentas simples e intuitivas. Evite software com uma miríade de recursos que apenas desviam a atenção dos objetivos realmente importantes. Tente ter ferramentas que possam interagir com diferentes plataformas, por exemplo, Linux, Windows, Apple, iOS e Android. Também pode ser útil ter soluções baseadas em nuvem para que possamos acessar as mesmas informações que podemos acessar no escritório. Mas cuidado com a privacidade! Lembre-se de que você está compartilhando informações valiosas com outras empresas. Por último, mas não menos importante, é necessário **mudar e atualizar** continuamente as formas como uma empresa usa a colaboração. Isso permitirá que os funcionários trabalhem eficazmente entre si em todos os níveis e que os membros da equipe compartilhem melhor seus conhecimentos. Com o feedback dos funcionários, gerentes e executivos tomarão decisões para facilitar a colaboração. A adaptabilidade também é necessária para que a empresa possa inovar.

Utilização da Web para Colaborações Internacionais

Tipos de Colaboração

Antes de entrarmos na utilização da web para colaboração internacional, vamos primeiro definir os tipos de colaboração que podem ser oferecidos. O primeiro tipo de colaboração é a **colaboração em equipe**. Uma equipe de colaboração é um grupo que não apenas trabalha em conjunto, mas também compartilha responsabilidades. Trabalham juntos, pensam juntos, raciocinam juntos. Um membro da equipe pode concluir o trabalho de outro se este tiver dificuldades. Normalmente não existe um líder real, mas é uma liderança compartilhada (as pessoas em uma equipe são guiadas umas pelas outras), embora em alguns casos surjam líderes temporários dependendo da tarefa. Quando um membro principal está ausente, a equipe de colaboração continua a ter a capacidade de executar a tarefa.

A colaboração em equipe não deve ser confundida com o trabalho em equipe (teamwork). Em ambos os casos, as pessoas trabalham juntas para cumprir uma meta compartilhada, mas a principal diferença é que enquanto o trabalho em equipe combina os esforços individuais de todos os membros da equipe para atingir uma meta, as pessoas que trabalham em colaboração completam coletivamente um projeto. Formulário coletivo (Civil Service College, 2018).

Um grupo de pessoas que trabalha em equipe o faz individualmente. Cada membro da equipe tem uma tarefa a cumprir e uma função específica que contribui para o objetivo geral. Geralmente, há uma liderança bem definida no trabalho em equipe.

É o caso quando existe uma equipe predeterminada de pessoas com um conjunto de metas e prazos fixos. O objetivo desse tipo de colaboração é fazer com que as pessoas trabalhem de forma independente por um período de tempo, alcançando assim o objetivo mais amplo definido para a equipe. Isso pode ser ilustrado com um exemplo de um departamento de marketing de dez pessoas, cada qual com uma função específica na equipe e, quando todas as tarefas são concluídas com êxito, o resultado final é uma campanha de marketing para o produto. A comunicação é crucial para esse tipo de colaboração, porque os membros precisam entender claramente suas tarefas para atingir o objetivo geral. Você também pode dar o exemplo de equipes esportivas. Todos eles têm o mesmo objetivo geral, mas também têm funções e tarefas específicas (e há uma liderança bem definida).

O segundo tipo de colaboração é conhecido como **colaboração comunitária**. O objetivo é reunir indivíduos, agências, organizações, membros de uma comunidade, em uma atmosfera de apoio para resolver sistematicamente problemas existentes e emergentes que não poderiam ser facilmente resolvidos por um único grupo. O objetivo final desse tipo de colaboração é aprender mais do que ter uma tarefa concluída. Essa modalidade não tem prazo determinado e é um processo contínuo e mutante no qual os membros aprendem a resolver problemas. Isso garante que os membros possam usar o que aprenderam em outros aspectos de seu trabalho para aumentar sua produtividade. É um processo no qual as partes interessadas trabalham juntas para compartilhar informações e recursos a fim de alcançar uma visão e objetivos comuns.

O terceiro tipo de colaboração é a **Colaboração em Rede**

(também conhecida como CN "Collaborative Networks"). É uma rede composta por uma variedade de entidades (por exemplo, organizações, pessoas, máquinas) que são amplamente autônomas, geograficamente distribuídas e heterogêneas em termos de ambiente operacional, cultura, capital social e objetivos, mas que colaboram para melhor alcançar objetivos comuns ou compatíveis, gerando valor em conjunto, e cujas interações são suportadas por uma rede informática.

Os membros de redes colaborativas estão cientes de que juntos podem atingir objetivos que não seriam possíveis ou custariam mais se os tentassem separadamente. Camarinha-Matos - professora universitária especialista em redes de colaboração e empresas e organizações virtuais - diz-nos que um **Ecossistema de Inovação** (IE) é também uma rede colaborativa, uma vez que é constituído por atores autônomos, independentes, distribuídos e heterogêneos que se comportam, interagem e colaboram com diferentes papéis em uma rede sociotécnica dentro de um ambiente espacial fértil e evolutivo, a fim de superar os limites das capacidades individuais, maximizar o uso de recursos e compartilhar riscos e custos, para melhor alcançar objetivos comuns/compatíveis em função das diferentes culturas envolvidas e da dinâmica inerente à rede (Camarinha-Matos et al., 2015).

Ecossistema de Inovação é o termo usado para descrever o grande número e a natureza diversa dos participantes e os recursos necessários para a inovação. Isso inclui empreendedores, investidores, pesquisadores, acadêmicos, capitalistas de risco, bem como desenvolvimento empresarial e outros prestadores de serviços técnicos, como contabilistas, designers, fabricantes contratados e prestadores de treinamento formação e desenvolvimento profissional (Jackson, 2011). Nem sempre um IE é criado como uma iniciativa planejada metodologicamente e induzida por alguns atores. Existem vários casos (por exemplo, Silicon Valley) que simplesmente surgiram como resultado de um conjunto de fatores regionais (Camarinha-Matos et al., 2015).

Podemos identificar outras formas diferentes de redes de comunicação, algumas das quais podem ser bastante complexas. Graças às novas oportunidades e à grande quantidade de informações que a web nos oferece, essas redes evoluíram ao longo do tempo:

Organização Virtual (VO): é um consórcio temporário de parceiros de diferentes organizações, criado para realizar uma tarefa de valor agregado, como um produto ou serviço para um cliente (Kürümlüoglu et al., 2005). Este tipo de organização não possui infraestrutura física, utiliza tecnologia para colaborar e é uma aliança informal de profissionais ou empresas (Simon, 2017).

Organização Virtual Dinâmica (DVO): Quando uma Oportunidade de Negócios a curto prazo é apresentada, forma-se uma configuração rápida de um consórcio temporário, adequado às suas necessidades. Este consórcio é denominado Organização Virtual Dinâmica, que representa uma aliança temporária de diferentes organizações que partilham conhecimentos, competências e recursos, a fim de responder a essa Oportunidade de Negócio específica (Yassa et al., 2014).

Empresa Virtual (VE): É um caso especial de VO, consiste em uma colaboração formalizada entre duas ou mais organizações autônomas para atingir um objetivo de negócio específico. Eles geralmente começam com investimentos e uma divisão das despesas gerais. Uma vez que o projeto é concluído, essas entidades geralmente separam-se. O paradigma da empresa virtual representa uma importante área de pesquisa e desenvolvimento tecnológico para empresas industriais e uma importante área de aplicação para ambientes cooperativos baseados na web. Podemos dizer que o conceito de VE é uma das formas mais importantes para aumentar a agilidade e competitividade das empresas de manufatura (Angulo et al., S.f.).

Podemos identificar duas categorias bem definidas de VEs, nomeadamente a *Static Virtual Enterprise (SVE)*, em que a rede é fixa e predeterminada - os processos empresariais e comerciais e as relações comerciais são predefinidas, fixas, integradas e estáticas - e a *Dynamic Virtual Enterprise (DVE)*, em que a rede é dinâmica - os parceiros de negócios mudam de acordo com as necessidades do mercado e são selecionados por meio de negociação (Ouzounis, 2001).

Empresa Estendida (EE): Uma empresa estendida é uma rede de empresas auto-organizadas de forma independente que combinam a sua produção econômica para fornecer produtos e serviços ao mercado; e buscam intercâmbios repetidos e duradouros entre si.

Comunidade Profissional Virtual (PVC): Os PVCs representam comunidades profissionais e virtuais. Atuando como um ambiente de colaboração e intercâmbio, proporcionam um senso de comunidade para profissionais que estão espalhados pelo mundo (Simon, 2017). Comunidades virtuais são definidas como sistemas de redes sociais de indivíduos que usam a tecnologia da informação para mediar seus relacionamentos. As comunidades profissionais fornecem ambientes para os profissionais compartilharem o conjunto de conhecimentos de suas profissões, como culturas de trabalho semelhantes, percepções de problemas, técnicas de resolução de problemas, valores profissionais e comportamentos profissionais (Camarinha-Matos e Afsarmanesh, 2005).

Rede de Manufatura Virtual (VMN): Uma rede de manufatura virtual (Virual Manufacturing) é uma rede de manufatura que não pertence a uma única empresa, mas é construída com o uso das ICT para reunir diferentes fornecedores e parceiros da aliança, criando assim uma rede que pode funcionar como sua própria rede única de abastecimento. Através do uso de tecnologias de informação e comunicação (ICT), uma rede virtual de manufatura reúne diferentes fornecedores e parceiros, gerencia a configuração, direção e monitoramento do processo de manufatura por meio da tecnologia (Simon, 2017).

A manufatura virtual pode melhorar um ou mais níveis de tomada de decisão e controle no processo de produção (design de produto e processo, planejamento de processo e produção, máquinas e ferramentas, robôs e sistemas de produção). Assim como as tecnologias de automação, como CAD/CAM, aceleraram o projeto de produtos, a manufatura virtual terá efeito semelhante na fase de produção, modelando, simulando e otimizando o produto e os processos envolvidos em sua fabricação. (Dépincé et al., 2004).

Estabelecimento Flexível (Agile Shop Floor): Na indústria de manufatura, o Estabelecimento Flexível é uma rede colaborativa que permite mudanças rápidas. As diferentes células de oficina envolvidas no processo de fabricação são disponibilizadas por contrato (Simon, 2017). O ambiente dinâmico de uma empresa virtual exige que os parceiros do consórcio tenham oficinas reconfiguráveis

(Ribeiro e Barata, 2006). Esta é uma abordagem promissora para permitir mudanças rápidas na infraestrutura da oficina e seu sistema de controle (Camarinha-Matos, 2004).

E-Ciência: Esse tipo de comunidade colaborativa global é específico da ciência e permite que os recursos sejam compartilhados entre profissionais e instituições. Também envolve infraestruturas de TIC que permitem que os recursos sejam compartilhados de maneira flexível, segura e coordenada. Wikis, blogs, redes sociais virtuais, computação em rede e acesso aberto são apenas uma breve seleção de novas tecnologias relacionadas. Atualmente, não existe um termo amplamente utilizado ou definição comum de e-science, o que limita a compreensão do verdadeiro potencial do conceito (Koschtial, 2021).

Pode ser definida como uma rede de colaboração científica (SCN) ou uma rede de colaboração acadêmica ou uma rede de intercâmbio social. Os cientistas usaram pela primeira vez esse tipo de rede colaborativa para compartilhar pesquisas e publicações entre si. Também foram usados por acadêmicos como redes sociais. No entanto, nos últimos anos, os cientistas conseguiram organizar colaborações internacionais para promover o progresso da investigação (Simon, 2017).

Laboratório Virtual: Este tipo de ambiente de e-Science representa um ambiente de solução de problemas heterogêneo e distribuído que permite que cientistas e pesquisadores espalhados em diferentes centros do mundo compartilhem recursos como dados, informações, equipamentos e ferramentas.

Semelhante aos Ecossistemas de Inovação, devido à sua natureza de aliança de longo prazo, podemos encontrar *Ecossistemas Corporativos* e *Sistemas de Reprodução de VO (VBE)*.

Ecossistema Empresarial: conjunto de organizações envolvidas no desenvolvimento e entrega de um produto ou serviço específico através da concorrência e cooperação simultâneas. Essa rede pode ser composta por fornecedores, clientes e organismos reguladores. (Eles são semelhantes aos clusters empresariais: uma concentração geográfica de empresas, fornecedores e instituições interconectadas e associadas em um determinado campo. Acredita-se que os clusters aumentam a produtividade com a qual as empresas podem competir, tanto nacional quanto globalmente). IE é um conceito mais amplo e é um ambiente mais aberto e dinamicamente emergente do que um ecossistema empresarial.

Sistema de Reprodução VO (VBE): É uma associação (também conhecida como cluster) ou grupo de organizações e suas respectivas instituições de apoio, que têm o potencial e a vontade de cooperar entre si criando um acordo de cooperação de longo prazo "básico" e uma infraestrutura interoperável (Camarinha-Matos & Afsarmanesh, 2005) e a adoção de princípios comuns de operação e infraestrutura, com o objetivo principal de aumentar suas possibilidades e sua preparação para colaboração em potenciais Organizações Virtuais (Afsarmanesh & Camarinha-Matos, 2005).

Essas organizações disponibilizam-se para oportunidades. Ao atuar como intermediário, um membro escolhe quais empresas podem participar de um determinado projeto e as contrata. Uma vez no VBE, os membros estabelecem a infraestrutura e os acordos (Simon, 2017). É, portanto, uma associação aberta e regulamentada, mas controlada pelos seus membros. Seu objetivo é melhorar a prontidão de suas organizações membros para ingressar em potenciais futuros OVs, fornecendo assim uma plataforma para a criação de redes colaborativas dinâmicas e ágeis orientadas por oportunidades (Afsarmanesh & Camarinha-Matos, 2005).

Os VBEs motivam a criação de Organizações Virtuais (OVs) como organizações que respondem com grande flexibilidade às necessidades de mudança do mercado. Os VBEs definem (implícita ou explicitamente) os princípios primários de trabalho e partilha para estimular a colaboração entre os membros e garantir benefícios de longo prazo (Galeano Sánchez et al., S.f.).

Para atrair e reter associados e parceiros, é importante definir um sistema de incentivos. Os incentivos podem ser benefícios comerciais e de conhecimento: benefícios de custo, participação garantida em vários OVs, tutoriais e cursos para melhorar habilidades empresariais (como produtividade) e suporte de um membro com sugestões e conselhos construtivos.

Agora que você tem uma visão mais clara das redes de colaboração, também será útil saber que um ecossistema de inovação geralmente engloba muitos tipos de atores, infraestruturas existentes e outras redes de colaboração. Na ausência de limites físicos ou organizacionais, os Ecossistemas de Inovação (IE) englobam universidades, laboratórios privados de P&D (Pesquisa & Desenvolvimento), agências de financiamento e bancos, etc., além de clusters industriais preestabelecidos, habitats de inovação e VBE. Portanto, as IEs pode ser considerado como um ambiente "lógico" que está acima das alianças e parcerias existentes com as CNs (Collaborative Networks ou Redes de Colaboração) e outros (Camarinha-Matos et al., 2015). Por fim, os Ecossistemas de Inovação podem interagir com outros IEs.

As redes colaborativas agora são aplicadas em uma ampla gama de setores, como produção industrial, serviços, logística e transporte, pesquisa científica, desenvolvimento, gestão de energia, educação, agroindústria, administração pública, assistência a idosos e muitos mais.

Como você pode ver, a colaboração pode fazer maravilhas. Os benefícios potenciais da colaboração são infinitos. Vimos como as empresas podem desenvolver redes colaborativas com organizações ou profissionais complementares para serem competitivas em determinados negócios, mercados ou inovações científicas.

As redes colaborativas desempenham um papel relevante na criação de novas estruturas socioeconômicas e organizacionais; representam uma abordagem muito promissora para a criação de valor e um importante mecanismo para ajudar as organizações a responder melhor às oportunidades de negócios ou sobreviver em condições turbulentas e incertas (Camarinha-Matos, 2009).

Como Crescer e Interagir com a Rede Colaborativa

Como explicado acima, a Rede Colaborativa está em constante evolução e recentemente se tornou mais popular à medida que as empresas crescem, devido aos novos problemas enfrentados pelas empresas e pela sociedade. Muito disso pode ser devido à redução das barreiras ao consumo e ao aumento do conjunto de bens e serviços que os consumidores podem pagar. Este nível de acesso exige uma maior qualidade de bens e serviços através da diversidade, por isso são necessárias redes de colaboração. A informação e a tecnologia devem evoluir para satisfazer o mercado consumidor, e isso só é possível por meio de negócios virtuais e da formação de redes colaborativas em todo o mundo virtual.

Uma vantagem para as empresas que utilizam redes colaborativas é que o negócio é fortalecido. Ou seja, eles são capazes de superar qualquer desafio ou volatilidade que o mercado possa atravessar graças ao maior acesso a informações que ampliam não apenas seu mercado, mas também sua base de conhecimentos.

Além disso com o networking, as empresas podem entender melhor o mercado e o que as empresas desejam alcançar. Dessa forma, as empresas não focam apenas no alcance de seus objetivos, mas também no crescimento e desenvolvimento do mercado em que atuam. A inovação é capaz de criar um novo tipo de valor, ou de criar valor, ampliando assim a base de conhecimento com a qual gerencia o mercado. As redes colaborativas focam no conhecimento, nas habilidades, na subjetividade das pessoas envolvias e nos fatores externos que podem influenciar objetivamente todos os envolvidos.

A criação de uma rede colaborativa muitas vezes é feita por

meio de empresas virtuais e, portanto, a Internet desempenha um papel importante. A Internet tem a capacidade de conectar pessoas em diferentes lugares, com diferentes identidades, habilidades e conhecimentos. Isso não apenas permite que a colaboração em rede se desenvolva melhor do que a colaboração normal, mas também deixa espaço para o crescimento desenvolver um elemento de diversidade, ampliando assim o conhecimento e o alcance que uma empresa pode ter, porque as redes colaborativas são sistemas complexos que exigem contribuições multidisciplinares e uma combinação de diferentes perspectivas.

As redes colaborativas, embora tenham potencial para formar essas grandes e diversas bases de conhecimento, podem enfrentar o problema de não conseguir atribuir qual membro pode agregar valor a um produto ou base de conhecimento. Quando as equipes estão distribuídas em diferentes localizações geográficas e trabalham em momentos diferentes e com métodos diferentes, não é fácil entender exatamente de onde vem o valor que a empresa está criando. Isso pode significar que existem lacunas em certos mercados que podem não contribuir tanto. Essas lacunas podem estar relacionadas a uma base de conhecimento intangível e podem ser negligenciadas ao traduzir o conhecimento em valor agregado, o que significa um produto de maior qualidade.

Para que a empresa aproveite ao máximo as redes de colaboração, existem três fatores que a desenvolvem. Estes são a *networking*, *coordenação* e *cooperação*. Para entender como eles fazem parte de uma colaboração de sucesso, eles serão definidos a seguir.

A **networking** pode ser definido como a capacidade de criar contatos para expandir oportunidades e partilhar informação através da comunicação para benefício comum.

A **coordenação** é a unificação, integração, sincronização dos esforços dos membros do grupo, para proporcionar unidade de ação na busca de objetivos comuns. Portanto, é a unidade de ação entre funcionários, grupos e departamentos, mas também é a capacidade da gestão de atribuir como e quando determinadas tarefas devem ser executadas, para que, mesmo que os membros da equipe trabalhem em fusos horários diferentes, possam cumprir o trabalho atribuído.

A **cooperação** opõe-se ao trabalho em competição em benefício próprio. É o processo de grupos de organismos trabalhando ou agindo em conjunto para o bem comum e benefício mútuo. É a capacidade de compartilhar recursos, bem como informações, o que aumenta o potencial da equipe para fazer seu trabalho de forma eficiente e eficaz. Assim, as pessoas ajudam umas às outras para alcançar um objetivo comum e obter benefícios mútuos.

Usando essas ideias e o poder colaborativo das redes da Internet, seu negócio pode ser alavancado.

Fig. 6: As redes de colaboração permitem que as empresas tenham funcionários em qualquer lugar do mundo.

Como você pode começar a construir sua rede de colaboração e ganhar uma vantagem competitiva no mercado? Comece criando sua rede de especialistas, parceiros, clientes e fornecedores. Comece com a criação de um grupo de trabalho com eles, lançando as bases para uma aliança estratégica de médio e longo prazo. Se eles não sabem do que você está falando, você pode dar a eles este livro. Se você aprender a unir forças, pode ser imbatível.

Você obterá uma série de benefícios, como a cocriação de bens e serviços, a criação de empresas sustentáveis, o desenvolvimento de uma força de trabalho tecnologicamente avançada e o acesso a um conhecimento muito mais amplo e multidisciplinar.

Os avanços atuais em ITC, especificamente computação ubíqua e networking, oferecem a possibilidade de interconectar habilidades e recursos, reduzindo a dependência de barreiras geográficas, o que representa uma oportunidade para combater desequilíbrios regionais crônicos (Camarinha-Matos, 2009). Mesmo que a colaboração aumente, ainda haverá desafios significativos. Por exemplo, a configuração ideal da rede e a busca dos parceiros certos, não apenas aqueles que estão dispostos a participar. O maior desafio é a segurança. Manter a informação segura em um mundo tecnológico é quase uma utopia. Mas o networking tornou-se muito importante para qualquer organização que busca obter vantagem competitiva em condições turbulentas de mercado, principalmente no caso de pequenas e médias empresas (Camarinha-Matos, 2009).

Em termos de segurança, Maxim Sytch – pesquisador da Ross School of Business da Universidade de Michigan – descobriu que as redes mais abertas que formam acordos de pesquisa e desenvolvimento com parceiros em diferentes setores e geografias geralmente são menos seguras, mas estão evoluindo muito mais rápido (este é o exemplo das indústrias tecnologicamente mais dinâmicas, como biotecnologia e microeletrônica). Por outro lado, as redes mais fechadas que só colaboram com parceiros conhecidos ou recomendados limitam o progresso global, mas conseguem manter os segredos da empresa mais seguros (indústrias química, farmacêutica e automotiva).

Como Combinar Smart Working e Trabalho Remoto com Redes Colaborativas

Como observado acima, o networking pode ser um recurso inestimável para construir uma empresa forte e eficiente. A colaboração em rede é baseada nas tecnologias que possibilitam o trabalho ágil, bem como o modelo de trabalho remoto, para garantir que o trabalho seja de alta qualidade e concluído no prazo. A colaboração em rede pode ser facilmente integrada a um modelo de trabalho ágil ou remoto por meio de uma comunicação clara e um cronograma de tarefas.

Dito isso, acredito que algumas questões precisam ser tratadas agora para evitar problemas sérios e danos à comunicação e produtividade da empresa.

Um grupo de pesquisadores (Longqi Yang, David Holtz, Sonia Jaffe, Siddharth Suri, Shilpi Sinha, Jeffrey Weston,

Connor Joyce, Neha Shah, Kevin Sherman, Brent Hecht e Jaime Teevan) analisou vários dados de e-mail, calendários, mensagens, chamadas de vídeo/áudio e horas de trabalho semanais de 61.182 funcionários da Microsoft nos EUA nos primeiros seis meses de 2020 para estimar os efeitos causais do trabalho remoto em toda a empresa na colaboração e comunicação descobriu que o trabalho remoto em toda a empresa fez com que as redes de colaboração dos trabalhadores se tornassem mais estáticas e em blocos, com menos pontes entre partes díspares. Além disso, houve uma diminuição na comunicação síncrona e um aumento na comunicação assíncrona. Juntos, esses efeitos podem dificultar a aquisição e o compartilhamento de novas informações pelos funcionários através das redes. (L Yang et al., 2021).

¿O trabalho remoto realmente dificulta a colaboração e a comunicação? Sabemos que a mudança para o trabalho remoto teve um impacto significativo na comunicação e colaboração entre os funcionários no local de trabalho.

A mudança da Microsoft para o trabalho remoto prejudicou a comunicação e a colaboração entre os vários grupos de trabalho da empresa, ameaçando a produtividade e a inovação dos funcionários a longo prazo (Roe, 2021).

O estudo concluiu que os trabalhadores totalmente remotos gastaram 25% menos tempo colaborando, tiveram menos conversas em tempo real e reduziram as horas de reunião em 5% (Kekatos, 2021).

O relatório publicado na Nature Human Behavior afirma:

"Os nossos resultados mostram que a mudança para o trabalho remoto em toda a empresa tornou os grupos empresariais dentro da Microsoft menos interligados. Também reduziu o número de vínculos que preenchiam buracos estruturais na rede de colaboração informal da empresa e fez com que os indivíduos passassem menos tempo colaborando com os vínculos que que ficaram." [6]

6. Uma rede de vínculos (ou rede de links) é uma relação que engloba uma lacuna estrutural em uma rede, ou seja, é definida pela estrutura da rede que envolve o vínculo, podendo ser um vínculo forte ou fraco (Levin, 2011). Vínculos são importantes para obter novas informações. No entanto, quando os empreendedores tentam preencher a lacuna entre duas redes, eles podem encontrar problemas devido à variedade de conhecimento entre os indivíduos em ambas as redes (Scholten et al. 2015).

"Além disso, a mudança em toda a empresa para o trabalho remoto levou os funcionários a gastar uma proporção maior de seu tempo de colaboração com seus links mais fortes, que são mais propensos à transferência de informações, e uma proporção menor de sua carga de trabalho com os vínculos fracos que são mais propensos a fornecer acesso a novas informações."

"Esperamos que os efeitos que vemos nos padrões de colaboração e comunicação dos trabalhadores tenham impacto na produtividade e, a longo prazo, na inovação. No entanto, em muitos setores, as empresas estão tomando decisões para adotar políticas trabalhistas em dados de curto prazo."

"Empresas que tomam decisões com base em análises não causais podem definir políticas inadequadas. Por exemplo, algumas empresas que optam por uma política de trabalho remoto permanente podem ficar em desvantagem por dificultar a colaboração e a troca de informações entre os trabalhadores."

"Além de estimar os efeitos causais do trabalho remoto no nível corporativo, nossos resultados também fornecem uma visão geral dos efeitos das políticas de trabalho remoto, como trabalho misto e híbrido. Os acordos dos regimes de trabalho misto e híbrido podem não funcionar tão bem quanto as empresas esperam. As implementações mais eficazes de trabalho híbrido e misto podem ser aquelas que tentam deliberadamente minimizar o impacto dos efeitos da colaboração sobre os funcionários que não trabalham à distância; por exemplo, as empresas podem considerar a implementação de trabalho híbrido onde certas equipes compareçam ao escritório em certos dias, ou onde a maioria ou todos os funcionários comparecem ao escritório alguns dias e trabalham remotamente em outros."

Quanto às soluções híbridas, o professor David Holtz, coautor deste estudo, diz-nos que "o fato de a situação de trabalho remoto dos seus colegas afetar os seus hábitos de trabalho tem implicações importantes para as empresas formuladoras de políticas de trabalho híbrido ou misto". Por exemplo, ter seus colegas de equipe e colegas de trabalho no escritório ao mesmo tempo melhora a comunicação e o fluxo de informações para quem está dentro e fora do escritório. "É importante refletir sobre como essas políticas são implementadas" (Barkley, 2021).

Vadim Tabakman – vice-presidente de pré-vendas global da Nintex – destaca que é possível encontrar áreas em qualquer empresa em que as alegações da Microsoft podem estar certas ou erradas, e tudo depende da tecnologia e dos recursos disponíveis para os funcionários (Roe, 2021). Acrescentaria ainda que esta dinâmica depende do número de pessoas envolvidas. O estudo em questão envolveu 61.182 funcionários, e não um grupo de 10 ou 50 pessoas.

Amie Devero – coach executiva e consultora de estratégia para empresas de tecnologia – conta-nos pela sua experiência que as reuniões de equipe e as reuniões individuais continuaram em empresas com trabalho à distância, mas que a comunicação lateral e diagonal entre os membros das diferentes equipes, entre os gerentes com os membros de outras equipes, entre os funcionários efetivos e os novos nas diferentes funções, em grande parte cessou (Roe, 2021). Nos diz que "equipes individuais se comunicam internamente. Elas criam suas próprias estratégias e táticas, sem mencionar o cultivo de suas próprias culturas".

"Isso corrói a grande visão de uma estratégia e de uma missão. Portanto, as diferentes equipes têm pouca experiência ou conhecimento das outras equipes, exceto através dos painéis de comando ou painéis de controle. As relações não são formadas nem promovidas. A inovação existe em um ambiente menor, com menos interconexões. Como a inovação depende de conexões que se estabelecem entre elementos diversos ou mesmo improváveis, ela é, por definição, limitada" (Roe, 2021).

Esta é uma informação muito útil e valiosa; ambientes menores e mais limitados podem se beneficiar. Esta informação será muito útil para quem optar por soluções híbridas ou mistas.

As Soluções Híbridas resolvem um possível problema com novos funcionários trabalhando à distância. Os novos funcionários não conhecem seus colegas e não passaram tanto tempo no escritório quanto os funcionários mais velhos (Niu, 2021). Como resultado, os recém-chegados não conseguem "viver a cultura da empresa". Isso se traduz em uma probabilidade 20% menor de reconhecer os valores da empresa (Hyken, 2021).

Rolf Bax – Diretor de Recursos Humanos da Resume.io – nos dá informações mais valiosas: "Também descobri que é mais difícil orientar os novos contratados em sua função remota. Penso que o maior desafio da contratação à distância em comparação com os métodos tradicionais presenciais é que é muito mais difícil para um novo funcionário contratado ter uma ideia da cultura de uma organização e de seu pessoal através de uma tela.

O Onboarding (ou incorporação a uma empresa) refere-se a um processo de integração; o processo de pós-contratação que envolve a incorporação do novo recurso na empresa. É uma prática para acelerar a integração de recursos humanos que inclui iniciativas para melhorar a entrada de recém-chegados.

Para concluir esta análise de como usar o trabalho remoto e o Smart Working da melhor maneira possível, vamos agora esclarecer melhor as modalidades de comunicação.

A partir de nossa pesquisa com funcionários da Microsoft, vimos como o trabalho remoto fez com que os trabalhadores passassem mais tempo usando formas assíncronas de comunicação, como plataformas de e-mail e mensagens, e menos tempo tendo conversas síncronas pessoalmente, por telefone ou videoconferência (Barkley, 2021).

Para entender melhor esse fenômeno, alguns termos serão agora definidos:

Comunicação assíncrona: comunicação que não ocorre em tempo real. Os tempos de resposta são variáveis e não requerem atenção imediata do destinatário. Exemplo: e-mail, fóruns online, documentos colaborativos, mídias sociais, chats, aplicativos de mensagens. Todo mundo tem a capacidade de se comunicar em seu próprio ritmo. O remetente pode enviar sua mensagem e se envolver em outras atividades.

Comunicação síncrona: comunicação ocorre em tempo real. Exemplo: comunicação ao vivo, telefone, videochamada. É necessária atenção imediata do destinatário. Também podemos usar aplicativos de bate-papo e mensagens, mas neste caso pode haver pequenos atrasos na resposta (receber a mensagem, ler, descriptografar, pensar e escrever a resposta).

Também pode haver um modo de **comunicação híbrido** que usa aplicativos de bate-papo e mensagens. Esses aplicativos permitem comunicação assíncrona quando os envolvidos não estão conectados simultaneamente, e comunicação síncrona quando conectados.

É essencial para a comunicação e produtividade da empresa, saber quando utilizar um sistema em vez de outro para trocar informações. Esta é uma habilidade que pode aumentar a eficiência de qualquer grupo de trabalho. O equipamento não deve desperdiçar tempo ou energia.

Os gerentes devem promover:

- *O uso da comunicação síncrona em situações de incerteza. Exemplo: Um membro não sabe o que fazer com uma determinada tarefa e precisa de informações para prosseguir. Se a informação é atrasada, a produtividade é prejudicada.*

- *Passar da comunicação assíncrona para a síncrona diante de mal-entendidos. Exemplo: Se houver um mal-entendido durante uma troca de e-mails ou mensagens de bate-papo, evite prolongar a conversa, é melhor esclarecê-lo verbalmente.*

- *O uso de e-mail quando precisamos dar respostas detalhadas, precisas e completas.*

- *Breve uso de chats. Os chats devem agilizar e simplificar a comunicação. Uma troca de informações em salas de bate-papo que dura 30 minutos é perda de tempo. Isso poderia ser feito em 10 minutos com uma mudança para comunicação síncrona.*

- *A preferência pela comunicação síncrona em situações confusas e caóticas, bem como situações de urgência e emergência.*

Portanto, devem desencorajar:

- *Enviar muitos e-mails sobre o mesmo tópico e manter longas conversas quando há falta de compreensão.*

- *A solicitação de respostas por ferramenta assíncrona em*

situações de urgência, a menos que seja bem evidenciada.

- *Envio de comunicações escritas pouco claras e confusas. Nesses casos, é melhor fazê-lo verbalmente para esclarecer as coisas.*

Compreender totalmente a dinâmica abordada até agora lhe dará uma vantagem competitiva significativa. As informações que você recebeu serão cruciais para o desempenho, eficiência e produtividade da sua empresa.

As Armadilhas da Realidade Virtual

Quando nos movemos em um ambiente, precisamos conhecer as características do ambiente em que nos movemos. É importante entender as características e o funcionamento dos ambientes virtuais.

Geralmente são ambientes em que ocorre **comunicação isolada.** Como as mídias sociais querem que você gaste o máximo de tempo possível em suas plataformas, elas usam muitas estratégias. Os algoritmos de mídia social fazem com que as pessoas se relacionem com pessoas que pensam da mesma forma com valores, ideais e interesses semelhantes.

Os algoritmos limitam o encontro com a diversidade, dificilmente sugerirão páginas ou perfis que não correspondam aos seus interesses, caso contrário correm o risco de perder sua atenção, o que significa perder lucros.

Nesses ambientes, muitas vezes, há uma tendência de **conformidade com os pares**, onde as pessoas de um grupo, em vez de dizer o que realmente pensam, dizem coisas que podem ser compartilhadas e aprovadas por outros membros. O problema é que parece que para muitas pessoas o importante é agradar os outros, receber curtidas e compartilhamentos, em vez de serem realmente eles mesmos; expressar e manifestar sua verdadeira essência.

Além disso, vale a pena lembrar que a maior parte do **tráfego de dados** na rede pertence a alguns poucos players globais.

Essas dinâmicas – armadilhas da realidade virtual – são inimigas da visão global e do pensamento pluralista. Vai ajudar muito ter um grupo de trabalho mastermind.

4. O Grupo Mastermind

Já escrevi um livro sobre grupos mastermind, no qual falo sobre as origens históricas, criação e gestão do grupo mastermind. [7] então o que vou tentar fazer neste capítulo é abordar o assunto por outros ângulos.

7. *O Poder do Grupo Mastermind* é um livro pequeno, mas fundamental para quem quiser entender como funciona um grupo mastermind e como gerenciá-lo e criá-lo. No meu canal do YouTube "Edoardo Zeloni Magelli" você pode ouvir a maior parte do audiolivro gratuitamente. Aproveito esta oportunidade para convidá-lo a subscrever os meus canais sociais para não perder outras informações valiosas e baixar os recursos gratuitos para a mente que você pode encontrar em zelonimagelli.com

Como há nuances quase infinitas quando falamos de Grupos Mastermind, acho apropriado defini-lo em novos termos que são mais congruentes com a temática do livro. Consciente de que em outros contextos, escreveria este capítulo sobre grupos mastermind de uma forma diferente e com conteúdo diferente. Seria um capítulo completamente diferente, mas igualmente correto na definição de um grupo mastermind.

"O princípio do mastermind é uma aliança de duas ou mais mentes trabalhando em perfeita harmonia para alcançar um objetivo definido e comum. O sucesso não vem sem a cooperação dos outros."

Napoleon Hill

A Mente Mestra

Napoleon Hill cunhou o termo "aliança de mestres", também conhecido como "aliança de cérebros", e o definiu como o trabalho harmonioso entre duas ou mais pessoas em direção a um fim específico. Desde então, o termo foi modernizado e agora é chamado de grupo mastermind. O grupo mastermind, como explica Hill, é a colaboração de esforços e conhecimentos entre duas ou mais pessoas trabalhando em direção a um objetivo definido, explica ainda que duas mentes não podem trabalhar juntas sem a formação de uma terceira mente invisível (uma força intangível), que pode ser chamado de mente mestre.

"Não há duas mentes que se juntem sem criar uma terceira força invisível e intangível que pode ser comparada a uma terceira mente."

Napoleão Hill

A Química da Mente

O princípio do mastermind é baseado nas leis da natureza. Todo cérebro humano é uma estação de transmissão e emissão; tanto emite como recebe as vibrações da frequência do pensamento.

Cada mente está diretamente conectada a todas as outras através do éter. Qualquer pensamento emitido por qualquer mente pode ser imediatamente captado e interpretado por outras mentes.

Algumas mentes mostram uma afinidade natural uma pela outra quando entram em contato, enquanto outras mostram uma forte aversão. Entre esses dois extremos existem muitas outras possibilidades de reação. Às vezes, esses resultados ocorrem sem que uma única palavra tenha sido dita.

Somos energia vibrante, e nossa mente é composta de uma substância mental que provoca uma reação química quando entra em contato com outras substâncias mentais de outras mentes. Essa reação química cria vibrações que podem ser agradáveis ou desagradáveis.

Com algumas pessoas nos sentimos muito bem, com outras nem tanto; o efeito da união de duas mentes é óbvio: causa um clima completamente diferente do que existia antes da interação. Quando duas mentes entram em contato, há uma mudança perceptível em ambas. As substâncias mentais que entraram em contato geraram um novo campo de energia que mudou o estado de espírito.

Cada mente tem seu próprio campo energético que podemos chamar de **campo elétrico mental**. O campo elétrico mental está em constante mudança e é influenciado pela química da mente, que é mutável.[8]

8. O corpo humano produz um campo eletromagnético. Somos seres eletromagnéticos. Cada uma de nossas células produz um campo eletromagnético. A vida é baseada em dois aspectos: matéria e um componente não material, elétrico (Fels, 2018). Avanços em biofísica, biologia, genômica funcional, neurociência, psicologia, psiconeuroimunologia e outros campos sugerem a existência de um sistema sutil de interações de "biocampo" que organizam os processos biológicos desde os níveis subatômico, atômico, molecular, celular e orgânico até o interpessoal e cósmico (Muehsam et al. 2015).

O biocampo ou campo biológico é um complexo campo de energia organizacional que participa da geração, manutenção e regulação da homeodinâmica biológica (Rubik et al., 2015). As propriedades de tal campo poderia ser baseadas em campos eletromagnéticos, estados cœrentes, biofótons, processos quânticos e afins e, finalmente, o vácuo quântico (Kafatos et al., 2015). A aura humana é um exemplo de um tipo familiar de biocampo que ganhou aceitação nos círculos científicos, pois estudos de laboratório correlacionaram as observações de leitores de aura com mudanças mensuráveis nos sinais eletromagnéticos emanados da pessoa cuja aura é lida (Dean, 2003).

O biocampo é um grande campo de energia que envolve e

se estende a partir do corpo, aproximadamente 150 cm de cada lado e 90 cm acima e abaixo (McKusick, 2014). O campo elétrico mental tem uma extensão maior e pode variar de uma pessoa para outra. Um campo elétrico mental pode se comunicar com outro campo do outro lado do mundo. Podemos acessar informações de todos os tipos por meio de impulsos elétricos.

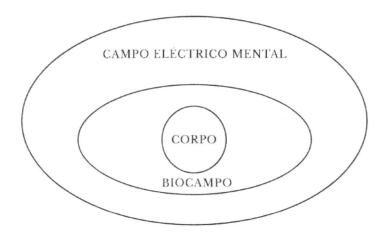

Fig. 7: Corpo, Biocampo e Campo Elétrico Mental.

As interações de biocampo podem levar à regulação de processos bioquímicos, celulares e neurológicos por meio de meios relacionados ao eletromagnetismo, campos quânticos e talvez outros meios de modular a atividade biológica e o fluxo de informações (Muehsam et al. 2015).

No ambiente elétrico interno de nossos corpos acontece a magia da vida e esse ambiente também pode ser fortemente influenciado pelas vibrações do som (McKusick, 2014) e pelas vibrações de outras mentes.

A natureza deste campo varia de acordo com a frequência energética da mente individual e as reações químicas causadas pelas interações com outras mentes.

Este campo de energia é capaz de atrair certas pessoas, coisas, situações e eventos, mas também é capaz de os repelir. Esse processo pode ocorrer sem a ajuda de palavras, expressões faciais ou outras formas de movimento ou comportamento corporal.

É possível mudar quimicamente a mente para atrair ou repelir outras mentes, para formar uma mente mestra.

Harmonia Perfeita

A harmonia é outra lei da natureza que permite a vida. A vida é energia organizada em harmonia. A harmonia permeia cada um dos átomos da natureza, nossos corpos e nossas mentes. Quando a harmonia falha, começa um processo que leva à morte. Isso é o que acontece nos ecossistemas naturais e também em nossos próprios corpos. Quando os órgãos param de funcionar em harmonia, a vida é enfraquecida.[9]

9. A seguir veremos a importância da harmonia para nossos corpos, e então entenderemos a importância da harmonia em nosso ambiente, já que os campos de energia dos lugares e das pessoas interagem com os nossos e nos influenciam.

Estamos todos interligados.

A mecânica quântica estabeleceu a primazia do conjunto inseparável. Por esta razão, a base da nova biofísica deve ser a compreensão da interconexão fundamental dentro do organismo, bem como entre os organismos, e do organismo com o meio ambiente (Popp e Beloussov, 2013). Nossas células produzem um campo magnético biológico que nos mantém saudáveis. Cada célula conhece e se comunica com todas as outras. As células trocam milhares de bits de informação por segundo e formam uma enorme rede de comunicação. O corpo pode ser considerado um grande sistema quântico, no qual a biocomunicação entre as células desempenha um papel importante. Essa troca de informações permite regular a forma, o crescimento e a regeneração do organismo e preside as interações entre o corpo e a mente (Center for Biological Medicine, 2019).

Quando as células recebem a informação, elas podem ser colocadas em equilíbrio ou desequilíbrio. A comunicação célula a célula é a base da atividade celular coordenada e, portanto, essencial para o funcionamento dos sistemas biológicos (Scholkmann et al., 2013). Um diálogo harmonioso entre o nível eletromagnético da matéria viva e o nível químico garante que o tráfego de moléculas seja bem ordenado. A maioria dos pesquisadores define o biocampo em termos de atividades eletromagnéticas de baixo nível, mas mensuráveis, que desempenham um papel fundamental na manutenção da saúde como os fenômenos químicos, bioquímicos e bioelétricos mais estudados e frequentemente abordados pela medicina ocidental (Dean, 2003).

O biocampo é resultado de diferentes componentes energéticos tais como ondas eletromagnéticas, acústicas e vibratórias de natureza endógena, ou seja, se originam no interior. O organismo, portanto, pode ser representado como uma entidade bioinformacional e biocibernética, na qual as vibrações energéticas são capazes de transferir informações de um ponto do corpo para outro, permitindo seu desenvolvimento, organização e estado de saúde (Centro de Medicina Biológica, 2019).

As perturbações eletromagnéticas são capazes de afetar nossas funções orgânicas e nossa energia vital (Bernardi, 2018). Os processos vitais são regulados por oscilações eletromagnéticas, que são responsáveis pelos processos bioquímicos, a dœnça pode ser vista como um conjunto de oscilações "dœntes" que levam a uma regulação incorreta: antes de se manifestar em sintomas corporais, a dœnça pode ser procurada em um distúrbio de oscilações de frequência fisiológica, uma perturbação sobre a qual podemos intervir através de contra-regulação ou potenciação (Lifegate, 2009).

Nossa saúde é influenciada pelo funcionamento de nossos campos eletromagnéticos. Somos uma comunidade de 100 bilhões de células inter-relacionadas. Quando o campo magnético não funciona em harmonia desenvolvemos patologias.

Dr. Franco Lenna - especialista em homeopatia holística e medicina biofísico-quântica - nos diz que quando nosso campo magnético biológico deixa de ser eficaz, desenvolvemos dœnças, as células deixam de se comunicar através de sua linguagem eletromagnética e começa a patologia (não a patologia traumática, que é um fato mecânico que afeta apenas 5% das dœnças). Ao restaurar o campo magnético correto, muitas patologias desaparecem. Trata-se, portanto, de uma restauração de frequências. Cada órgão tem sua própria frequência. Devemos equilibrar os diferentes parâmetros de nossas células. Devemos intervir na totalidade, dando mais ordem, mais acordo e equilíbrio entre as diferentes células.

Quando restauramos as frequências harmônicas do nosso

campo magnético, muitas dœnças desaparecem. O biocampo é o principal local de cura e a maioria das formas de dœnças e disfunções humanas são potencialmente suscetíveis à correção através do biocampo (Dean, 2003).

Dr. Piergiorgio Spaggiari - físico, médico e professor especialista em medicina quântica - destaca que uma patologia pode ser tratada pelo uso correto de um medicamento (aspecto bioquímico) ou por biorressonância. Ou seja, o uso de campos eletromagnéticos ultrafracos capazes de modificar o campo eletromagnético perturbador que causou uma reação incorreta (aspecto biofísico). Ele também aponta que por trás dos fenômenos eletromagnéticos, bioquímicos e neurológicos está sempre a física quântica, que no campo da biologia trouxe o novo conceito de interconexão entre as diferentes partes do corpo, entre os organismos e entre os organismos e seu ambiente.

Estamos interligados com o nosso ambiente. Todos esses processos dentro do biocampo também são influenciados pelos campos energéticos das pessoas que nos rodeiam, por isso é muito importante estarmos cercados de "pessoas potenciadoras" e eliminar "pessoas não potenciadoras". A energia das pessoas ao nosso redor afeta nossa saúde. Tudo no universo tem uma vibração. Nosso corpo é composto de órgãos vibratórios, as pessoas ao nosso redor vibram em determinadas frequências e possuem seus próprios campos de energia.

Não podemos ficar "sintonizados" por muito tempo em um ambiente com frequências inconsistentes e incompatíveis com as nossas. Precisamos estar em lugares e nos cercar de pessoas que potencializam e harmonizam nossas frequências. Por exemplo, quando estamos com pessoas que amamos, nosso corpo recebe frequências harmonizadoras e nos sentimos bem.

Devemos buscar a harmonia em nossos lugares físicos e em nossas relações com os outros, pois os campos eletromagnéticos influenciam nosso estado de saúde e nosso corpo reage aos estímulos eletromagnéticos. Como ensino em meus cursos de Psicologia Primordial, o futuro de uma semente depende não apenas de suas qualidades, mas também de seu solo (lugar físico; família; parceiro; amigos; colegas; escola; aspectos sociais, políticos, culturais e legislativos de uma cidade).

Uma mente mestra pode ser formada agrupando ou unindo em um espírito de perfeita harmonia duas ou mais mentes. Da fusão harmoniosa de duas ou mais mentes, portanto, da reação química das substâncias mentais envolvidas, é criada uma força superior e intangível que podemos comparar com uma terceira mente, que pode ser usada e assimilada por qualquer uma das mentes individuais ou por todas elas.

A cooperação harmoniosa de duas ou mais pessoas que se aliam com o propósito de atingir um determinado objetivo, desenvolve a presença de uma mente suprema, que pode guiar, inspirar, oferecer ideias e percepções e nutrir uma ou todas as mentes individuais.

Pode ser difícil entender esse fenômeno no início porque não é percebido com os cinco sentidos, mas existem forças superiores intangíveis e todos somos guiados por energias invisíveis e intangíveis.

Como Hill nos ensinou, essa mente mestra ainda está disponível enquanto durar a aliança amigável e harmoniosa entre as mentes individuais; e ela se desintegrará, com todas as evidências de sua existência anterior, quando essa aliança for quebrada. Se as mentes envolvidas neste processo começam a tomar caminhos divergentes, a mente mestra se desintegra.

Uma vez que a mente mestra é uma força que surge da fusão e coordenação de duas ou mais mentes em um espírito de perfeita harmonia, não pode haver desenvolvimento de uma mente mestra se faltar o elemento da harmonia perfeita.

Num espírito de harmonia, as mentes individuais de um grupo de pessoas podem formar uma mente mestra; a química das mentes individuais é modificada para que essas mentes se fundam e funcionem como uma só.

As maneiras pelas quais esses processos de fusão e mistura ocorrem são numerosas, e não serão abordadas neste livro.

Grupos Mastermind

Hill afirma que a estrutura na qual o grupo mastermind é criado determinará seu sucesso. Em outras palavras, deve haver um líder claro (embora haja casos em que se prefira a liderança compartilhada), um objetivo a atingir e reuniões regulares. Esses ideais serão ampliados a seguir.

Os grupos mastermind são geralmente baseados na troca mútua e benéfica de conhecimento e recursos entre as pessoas. A ideia de um grupo mastermind é que, compartilhando e tirando dos outros, cada pessoa é capaz de atingir seus objetivos muito mais rápido do que se tentasse concluir suas tarefas sozinha. Hill atribui seu grande sucesso ao uso de grupos de reflexão. Ele explica que por meio dessas contribuições benéficas e harmoniosas, cada parte envolvida sai com algo de valor. Pode ser riqueza monetária ou até mesmo um simples ganho de conhecimento. Os grupos mastermind são projetados para serem capazes de criar uma independência em que as pessoas envolvidas possam eventualmente definir seus próprios horários de trabalho, determinar seus próprios preços, bem como determinar sua própria renda.

Como são hoje, os grupos mastermind são espaços liderados por facilitadores que permitem discussão, brainstorming e resolução de problemas para que as pessoas nesses grupos possam melhorar suas habilidades pessoais e profissionais.

Os grupos mastermind não apenas permitem que os membros criem metas claramente alinhadas com seus valores, mas também incentivam os membros a atingir essas metas. Os membros também são incentivados a apoiar uns aos outros na busca de seus objetivos, sejam eles profissionais ou pessoais, ou às vezes ambos.

O processo de um grupo mastermind começa com a criação de metas e, em seguida, passa para a realização de um plano para atingir essa meta. Além disso, são contadas histórias de sucesso daqueles que já passaram pelo processo e se esforçam para inspirar os próprios grupos mastermind.

O grupo participa na criação do seu plano para atingir os seus objetivos, através de um brainstorming partilhado e criativo, o que lhes permite trazer a sua história de sucesso para o grupo e inspirar outras pessoas a atingirem os seus objetivos.

Fig. 8: Os Grupos Mastermind são geralmente compostos por duas a oito pessoas.

Agora que os grupos mastermind foram explicados, este capítulo se concentrará em como criar um grupo mastermind, na heterogeneidade dos grupos mastermind, os benefícios destes grupos, bem como as desvantagens, e como criar e gerenciar um grupo mastermind virtuais.

Como Criar um Grupo Mastermind

A maioria das pessoas é boa em trabalhar sozinha em direção a seus objetivos. No entanto, ao trabalhar com pessoas com os mesmos interesses, ficou comprovado que os objetivos são alcançados muito mais rapidamente. Hill o ampliou com o princípio do mastermind, como explicado acima. Pode parecer uma tarefa assustadora encontrar pessoas que pensam como você, mas criar um grupo mastermind é mais fácil do que você pensa. Para criar um grupo mastermind, você deve **escolher um tópico**. Isso pode ser tão específico quanto você quiser, ou tão amplo quanto você quiser, que você detalhará mais tarde quando seus objetivos se concretizarem. Para o seu primeiro grupo mastermind, é recomendável escolher um aspecto específico de sua vida que você gostaria de começar a mudar e melhorar.

O segundo passo na criação de um grupo mastermind é

selecionar pessoas que estejam alinhadas com seus valores e objetivos. O objetivo é que haja um benefício mútuo. Você não apenas precisa contar com os membros do seu grupo, mas eles também precisam contar com você. Os grupos de mastermind variam em tamanho e podem ser formados por algumas pessoas ou muitas, dependendo do que você deseja, mas um mínimo de dois ou três é recomendado para benefício mútuo. Os membros potenciais devem ser pessoas com motivação e comprometimento semelhantes, para que todos possam trabalhar efetivamente para alcançar seus objetivos. Todos os membros devem ter habilidades diferentes para que o grupo mastermind seja diversificado, permitindo que você ganhe e compartilhe diferentes perspectivas em direção a um objetivo comum.

Napoleão escolheu homens cujas qualidades complementavam as suas para ajudá-lo a superar suas fraquezas. Henry Ford integrou suas energias com as de Thomas Edison, Harvey Firestone, Luther Burbank e John Burroughs.

Todos têm deficiências em algum aspecto, que podem ser supridas pelos membros de um grupo mastermind. Um dos segredos do sucesso é poder amplificar o próprio poder pessoal com as qualidades de outras pessoas, ou seja, integrar a própria energia mental com a inteligência, experiência, conhecimento e poder espiritual de outras pessoas complementares.

Por fim, os membros devem ser solucionadores de problemas, isso é necessário porque as pessoas que gostam de resolver problemas têm habilidades de pensamento crítico que levarão a melhorias em todos os aspectos de seus objetivos.

O terceiro fator na criação de um grupo mastermind é a **criação de regras**. Isso permite uma participação respeitosa e garante que os comentários não sejam prejudiciais ou maliciosos. Agora que você completou essas três etapas, a única coisa que resta é realizar reuniões regulares para que seu grupo interaja e alcance seus objetivos.

Benefícios do Grupo Mastermind

Há muitos benefícios de ter e pertencer a um grupo mastermind. A primeira delas é o **sentimento de apoio e compreensão recíprocos**. Os grupos geralmente são criados com um objetivo específico em mente e, se todos os membros concordarem com esse objetivo, todos trabalharão para alcançá-lo. Isto permitirá que eles experimentem uma certa responsabilidade e os membros se apoiarão para atingir a meta.

Embora os grupos mastermind tenham objetivos específicos,

eles são compostos por membros diferentes. Isso deixa espaço para **diferentes perspectivas** que podem ser úteis ao tentar resolver um problema. Esses diferentes pontos de vista agregam valor, pois ilustram outra maneira de resolver algo.

Esses grupos **reúnem recursos.** Em outras palavras, além de diferentes conjuntos de habilidades e perspectivas, os grupos mastermind reúnem pessoas que têm acesso a diferentes tipos de recursos que ajudam a alcançar objetivos de forma mais eficaz e eficiente.

Além disso, a grande força é que **o grupo vale mais do que a soma de seus indivíduos.** A mera soma das contribuições individuais é menor do que o produto coletivo de esforços e habilidades coordenadas. Os resultados que um mastermind pode alcançar serão sempre maiores do que os seus membros poderiam alcançar individualmente.

Outra vantagem dos grupos mastermind é a **responsabilidade** gerada pelo grupo. Ao trabalhar em direção a um objetivo comum, os membros do grupo são capazes de cumprir os objetivos acordados e empurrar uns aos outros para se destacarem.

Os grupos mastermind são ótimos para fornecer um espaço seguro para criar laços dentro de um grupo. Isso permite a formação de **relacionamentos solidos** entre os membros do grupo. Em um ambiente virtual com modelos de trabalho remoto ou Smart Working, o grupo mastermind incentivará a formação de equipes e isso levará a uma melhor comunicação. Tem o potencial de tornar o **trabalho mais produtivo** não apenas por meio da resolução de problemas, brainstorming ou compartilhamento de conhecimento, mas também por meio das habilidades que o grupo mastermind promove. Isso inclui comunicação e uma mentalidade aberta à diversidade, mesmo que todos os membros trabalhem para um objetivo comum.

Fig. 9: Os grupos Mastermind facilitam o trabalho dos membros para um objetivo comum.

Convido você a reler este livro várias vezes com muita

atenção. Toda vez que você o reler, encontrará novos conceitos que antes escaparam. A sua consciência da dinâmica de grupo mudou. Agora que você entende o princípio do mastermind, entenderá ainda melhor a importância da colaboração e das redes de colaboração. Os benefícios da colaboração são os benefícios subjacentes de um grupo mastermind.

Grupos Mastermind Virtuais

A localização geográfica não deve ser um fator que dificulte a atuação dos grupos mastermind. Como mencionamos nos capítulos anteriores, o mundo empresarial evoluiu a ponto de a tecnologia se tornar um motor de inovação. Isso pode ser visto através do trabalho remoto ou de um modelo de trabalho remoto conhecido como Smart Working. Portanto, a criação de um grupo mastermind virtual não só é possível, como também melhorará a forma como uma empresa trabalha para atingir seus objetivos. Os pools de masterminds virtuais usarão os mesmos fatores que a criação de um grupo mastermind, no entanto, esses pools precisarão de um programa em execução para maximizar o potencial do pool de masterminds virtuais.

Vantagens e Desvantagens de um Grupo Mastermind Virtual

As vantagens de um grupo de mastermind virtual são semelhantes às de um grupo de mastermind. No entanto, o uso da Internet cria um novo grupo de pessoas com habilidades e perspectivas às quais você não teria acesso de outra forma. Graças à web, um grupo heterogêneo e multiétnico pode ser criado. A diversidade torna o aprendizado mais enriquecedor e significativo com mais ideias de diferentes perspectivas, permitindo uma melhor visão da realidade.

As desvantagens de um grupo virtual mastermind podem ocorrer devido ao planejamento e estrutura do grupo deficientes. Isso inclui, mas não se limita a reuniões ineficazes, prazos conflitantes devido a fusos horários diferentes e, às vezes, falha na conclusão de tarefas devido a problemas de comunicação. Também é verdade que as relações ao vivo ou os encontros presenciais têm um fluxo mais harmonioso devido à falta de limites físicos e à capacidade das pessoas interagirem usando as emoções. Isso pode indicar que os grupos mastermind presenciais são mais eficazes do que os virtuais.

5. Equipes Virtuais

As mudanças sociais e tecnológicas que nosso mundo está experimentando afetaram drasticamente a forma como as pessoas trabalham. Diante das oportunidades e incertezas que advêm das mudanças, muitas empresas e corporações optaram por transferir suas equipes para o mundo virtual. Esta pode ser uma tarefa assustadora, especialmente se for feita aleatoriamente devido às mudanças. No entanto, com a mentalidade certa e o conhecimento do que são as equipes virtuais e como gerenciá-las de forma eficaz, sua empresa tem o potencial de aumentar a produtividade.

Equipes virtuais são grupos de pessoas que podem estar localizadas em diferentes áreas geográficas, mas que compartilham metas e objetivos comuns e que trabalham juntas através da tecnologia.

Como Criar uma Equipe Virtual

Criar equipes que possam colaborar eficazmente acrescenta

valor a empresa em termos de criatividade, eficácia, eficiência, novos conhecimentos e amplitude de visão.

As equipes virtuais costumam ser um fator chave para o sucesso de um modelo de trabalho remoto. Os funcionários estão em diferentes localizações geográficas e trabalham em fusos horários diferentes. Isso às vezes pode levar a dificuldades no planejamento e na colaboração. A comunicação não acontece presencialmente, por isso uma boa comunicação e confiança nos colaboradores são essenciais para a criação de uma equipe virtual.

Para criar uma equipe virtual, você deve decidir quais são seus objetivos e os valores centrais da empresa que deseja adotar. Existem vários tipos de equipes virtuais e estas são classificadas de acordo com seus objetivos, então vamos a elas; vamos analisar dez tipos.

O primeiro tipo de equipe virtual é chamado de **equipe em rede** e é aquele que adiciona membros com diferentes conjuntos de habilidades para complementar e influenciar uns aos outros. Podem ser internos à empresa ou externos (subcontratação). Seus membros são especialistas em determinada área e se unem para alcançar um objetivo comum. Os membros também podem ser dispensados uma vez terminada a sua missão e novos membros podem ser adicionados; não há uma equipe predeterminada.

Esta solução é amplamente utilizada por empresas de

consultoria e serviços tecnológicos. Quando há necessidades específicas que a empresa não consegue atender, é escolhida uma equipe em rede. Esta opção é capaz de satisfazer qualquer solicitação do cliente. Mesmo que a empresa não seja especializada na solicitação do cliente, é possível encontrar recursos humanos especializados para atender a essa demanda.

A segunda equipe são as **equipes paralelas**. Geralmente são formados por pessoas que trabalham na mesma organização. É quando uma empresa forma uma equipe com seus colaboradores para atingir um objetivo específico. Assim, os membros da equipe recebem tarefas adicionais às principais. Os membros não mudam com frequência e a equipe trabalha para melhorar os processos existentes.

Esses membros – provenientes de diferentes áreas funcionais, filiais da empresa e localidades – têm a missão de solucionar um problema, responder a uma demanda do mercado e fazer recomendações para a melhoria de um processo ou sistema. Todos se sentem compelidos a compartilhar sua opinião e disponibilizar seu conhecimento para atingir metas predefinidas. Eles são muito focados na tarefa e na maioria dos casos apenas dão recomendações.

Esta solução é frequentemente utilizada por empresas multinacionais que possuem colaboradores com diferentes experiências e conhecimentos espalhados pelo mundo.

Equipes paralelas podem reunir diferentes habilidades e pontos de vista, ter várias perspectivas únicas sobre o problema e também incentivar a colaboração entre diferentes ramos da empresa.

Eles também são usados por agências de vendas e marketing e empresas de pesquisa e desenvolvimento.

Geralmente são formados por um curto período de tempo e seus membros permanecem até que o objetivo seja alcançado. Depois de concluir sua tarefa, eles podem retornar às suas tarefas principais ou assumir as seguintes.

Um exemplo de equipes paralelas são os *círculos de qualidade* (ou controle de qualidade) que são formados para resolver problemas e melhorar a qualidade de serviços, processos, sistemas ou produtos. Os integrantes se reúnem com a direção da empresa para discutir e propor ações de melhoria. Eles identificam e analisam atividades que precisam ser revisadas ou melhoradas e resolvem problemas.

As **equipes de desenvolvimento de produtos** (ou equipes de projeto) são o terceiro tipo de equipamento virtual e são baseadas na colaboração em rede. Eles são compostos por especialistas de diferentes partes do mundo com o objetivo de desenvolver novos produtos, sistemas de informação, processos organizacionais, oferecer novos sistemas tecnológicos ou redesenhar processos operacionais.

A eficácia destas equipes está associada à rapidez com que conseguem criar e desenvolver novos produtos e serviços.

Essas equipes geralmente compõe o departamento de pesquisa e desenvolvimento de uma empresa e a ajudam a ser mais inovadora e inventiva. Isso requer muita experiência e conhecimento, e poder reunir os melhores talentos experientes em desenvolvimento de produtos de diferentes partes do mundo é uma grande vantagem. Atribuir uma tarefa a uma equipe multidisciplinar aumenta o nível de criatividade.

Um exemplo disso são as *equipes multifuncionais,* nas quais membros com diferentes conhecimentos funcionais trabalham para atingir um objetivo comum. Cada membro oferece uma perspectiva alternativa sobre o problema e uma possível solução para ele. A inovação é uma vantagem competitiva fundamental e as equipes multifuncionais promovem a inovação por meio de um processo de colaboração criativa.

O quarto tipo de equipe virtual que uma empresa pode ter é uma **equipe de serviço,** que se baseia em membros localizados em diferentes fusos horários para que a empresa possa fornecer suporte ao cliente 7 dias por semana, 24 horas por dia.

Aproveitar as diferentes localizações geográficas permite um suporte contínuo ao cliente. Por exemplo, quando a equipe de suporte termina seu turno em um lugar, do outro lado do mundo começam e continuam seu trabalho.

Com este sistema, a comunicação nunca é interrompida. Prestar assistência aos clientes fora do horário comercial normal aumenta o apreço dos clientes pela empresa e a probabilidade de recomendá-la a outras pessoas.

Estas equipes virtuais são comumente usadas para serviço ao cliente e suporte 24 horas (atendimento ao cliente, serviço pós-venda e suporte técnico).

O quinto tipo de equipe é a **equipe de gerenciamento virtual** (ou equipe de gestão), na qual os gerentes estão localizados em diferentes localizações geográficas, mas podem colaborar em decisões empresariais de alto nível.

Essas equipes discutem principalmente as estratégias e objetivos da empresa, que o seu pessoal será responsável pela implementação. Seu objetivo é tomar decisões estratégicas para a empresa, embora seus membros estejam muitas vezes longe e em diferentes países e se encontrem com menos frequência do que outros tipos de equipes.

Além de tomar decisões importantes, eles supervisionam as operações do dia a dia, como delegar tarefas e controlar funcionários. Geralmente são formados por executivos de diferentes divisões, podendo ser: Presidente, Diretor Executivo (CEO), Diretor de Operações (COO), Diretor

Financeiro (CFO), Diretor de Marketing (CMO), Diretor de Tecnologia (CTO), Diretor Executivo de Informação (CIO), Diretor de Conhecimento (CKO), Diretor de Segurança (CSO), Diretor de Risco (CRO), Diretor de Conformidade (CCO), Diretor de Vendas, Diretor Comercial, Diretor de Recursos Humanos, Diretor de Pesquisa e Desenvolvimento, Gerente de Produtos, Gerente de Projetos e Gerente de Fábrica.

Um exemplo de equipes de gestão são as *equipes de gestão executiva*, que planejam os vários processos de desenvolvimento e as principais operações da empresa como um todo, como o desenvolvimento de assuntos financeiros e planos de negócios. São formados por membros do topo da hierarquia da organização, como o gerente geral e o conselho de administração.

Este tipo de equipes é frequentemente encontrado em empresas multinacionais que possuem equipes de gestão espalhadas pelo país ou pelo mundo.

Sexto tipo. As **equipes funcionais** são constituídas por pessoas do mesmo departamento ou área e geralmente realizam uma tarefa única e bem definida. Os membros têm papéis bem definidos e colaboram em atividades regulares e contínuas. Eles realizam atividades funcionais e, portanto, podem ser encontrados em qualquer tipo de empresa. Essas equipes geralmente trabalham juntas por um longo período de tempo.

Um exemplo são as *equipes de produção*, formadas por integrantes com função bem definida que se reúnem para realizar atividades regulares e contínuas. Eles geralmente trabalham de forma independente e seus esforços combinados produzem o resultado final.

Sétimo tipo. As **equipes de ação** são treinadas para responder a problemas imediatos e têm duração muito curta. São formados por especialistas que se reúnem em momentos de emergência ou situações extraordinárias para encontrar rapidamente uma solução imediata para um problema. Depois que o problema for resolvido, a equipe se dissolve.

São semelhantes às equipes paralelas, mas a principal diferença é que as equipes paralelas fazem recomendações de melhoria, enquanto as equipes de ação têm a capacidade de agir para implementar soluções.

Podem estar presentes em qualquer organização, independentemente do seu tipo ou setor. Eles são amplamente utilizados por empresas de engenharia.

Também podemos tomar o exemplo de grupos de *task force* ou *força-tarefa* (unidade operacional de emergência) que é um grupo de especialistas, de diferentes setores de negócios e com diferentes experiências profissionais, que se reúne para desenvolver ideias, criar novas oportunidades ou resolver um problema concreto. Essas equipes são designadas para lidar com situações específicas.

O termo task force tem suas origens no léxico militar, mas agora também é usado em vários contextos políticos e empresariais.

Equipe outsourcing (terceirização) é outro tipo de equipe, utilizado por quem prefere delegar determinadas tarefas a entidades externas. A terceirização funciona como uma saída de emergência oferecida pelo departamento de recursos humanos aos gestores que apresentam problemas no ambiente competitivo (Ates, 2013).

A redução de custos, o apoio às estratégias de crescimento da empresa, a pressão competitiva e o acesso a pessoal qualificado são fatores estratégicos para a terceirização (Peeters & Lewin, 2006).

Muitas empresas terceirizam o trabalho em outros países, onde o valor do trabalho é menor, buscando reduzir custos sem sacrificar significativamente a qualidade. Assim, estabelece-se uma colaboração entre as equipes internas e externas.

Esta pode ser uma solução vantajosa, mas também há muitos problemas a resolver. Muitas empresas escolhem as empresas erradas e acabam com muitos projetos fracassados.

Muitas vezes, os resultados são diferentes do que se gostaria porque a equipe começa a trabalhar no projeto sem entender completamente suas especificações. Isso também se deve à má comunicação devido às barreiras linguísticas.

Atrasos na entrega são outro problema. Essas equipes trabalham em vários projetos para muitos clientes e podem não dedicar tempo suficiente ao seu projeto. Por fim, pode haver falta de confidencialidade, essas equipes podem violar o NDA (acordo de não divulgação ou acordo de confidencialidade) e roubar segredos comerciais.

Os fatores-chave para o sucesso da terceirização são o processo de toma de decisões, os parceiros, o contrato e a qualidade da parceria. A escolha da parceria de terceirização deve basear-se numa perspectiva social e não económica. A qualidade da parceria é composta por fatores como confiança, entendimento empresarial, compartilhamento de benefícios/riscos, conflito e compromisso (Ates, 2013); e é influenciado positivamente por fatores como participação, comunicação, troca de informações e apoio da liderança, e negativamente pela idade do relacionamento e dependência mútua (Lee e Kim, 1999).

Um exemplo desse tipo de equipe são as *ISD offshore* (equipes de desenvolvimento de sistemas de informação). Offshore ISDs são comumente usados para desenvolvimento de software. Cada vez mais empresas estão terceirizando essas tarefas para empresas estrangeiras em que o conjunto de competências é bom dentro do orçamento.

No entanto, é preciso ter cuidado. A terceirização contemporânea do desenvolvimento de sistemas de informação está se tornando cada vez mais complexa. O parceiro de terceirização começou a "reterceirizar" componentes de seus projetos para outras empresas de terceirização para minimizar custos e ganhar eficiência (Maduka Nuwangi et al., 2014). Isso significa que alguns problemas que podem ocorrer podem ser amplificados.

Outro tipo são as **equipes virtuais globais** (GVT). Elas podem ser definidas como um grupo de trabalhadores, formalmente reconhecidos pela organização como uma equipe, com membros de diferentes países que são coletivamente responsáveis pelos resultados em diferentes lugares, e que utilizam, em certa medida, a tecnologia para realizar seu trabalho (Gibson & Grushina, 2021) e também como um grupo de pessoas trabalhando em tarefas interdependentes orientadas por um propósito comum em todo o espaço, tempo e limites da organização, com comunicação apoiada principalmente pela tecnologia em vez de reuniões presenciais (adaptado de Maznevski & Chudoba, 2000) .

Por fim, você também pode encontrar **equipes híbridas** em que algumas pessoas trabalham no escritório e outras remotamente. Esta pode ser uma boa solução para empresas de vendas, onde os vendedores trabalham em diferentes áreas geográficas próximas aos seus clientes, bem como para aumentar as taxas de conversão, oferecendo assim um melhor atendimento ao cliente e suporte pós-venda.

Existem vários tipos de equipes virtuais, mas como explicado acima, somente quando os objetivos e valores da empresa estiverem claramente definidos é que uma equipe virtual pode ser formada.

Vantagens e Desvantagens das Equipes Virtuais

As vantagens das equipes virtuais são semelhantes às do trabalho remoto e incluem, entre outras, a flexibilidade, custos de escritório reduzidos, maior produtividade, um conjunto mais amplo de habilidades e conhecimentos para usar e, finalmente, a capacidade de uma empresa de estar operacional e operar 24 horas por dia com equipes trabalhando virtualmente em diferentes fusos horários.

As desvantagens das equipes virtuais são que pode haver falhas tecnológicas que dificultem o trabalho. As equipes virtuais dependem da Internet e de outras formas de tecnologia para que seu trabalho seja bem-sucedido, quando esses sistemas falham, o trabalho não pode ser concluído. Outro problema com que as equipes virtuais podem se deparar é a má comunicação e o mau gerenciamento. Sem líderes fortes, as equipes virtuais não terão a direção ou motivação para concluir as tarefas e permanecer no caminho certo até que as metas sejam concluídas. Aqui estão algumas sugestões para evitar estes problemas.

Fig. 10: A tecnologia utilizada para a colaboração em equipes virtuais.

Como Gerenciar Eficazmente e Otimizar o Rendimento de uma Equipe Virtual

As equipes precisam estabelecer melhores processos organizacionais e protocolos sobre como trabalhar e se comunicar no trabalho.

A comunicação pode ser dificultada porque as pessoas não falam umas com as outras ao vivo. A adaptação é necessária para garantir que a diretoria seja capaz de fazer o trabalho e atingir os objetivos da empresa. Para gerenciar melhor sua equipe, seus funcionários devem estar equipados com a **tecnologia apropriada** para que possam se conectar uns com os outros e com a diretoria. Isso permitirá um fluxo de trabalho fluido e contínuo. A melhor tecnologia não se limita ao hardware, como laptops, tablets ou smartphones, mas também aos softwares aos quais os funcionários têm acesso. Dar a seus funcionários os melhores recursos possíveis aumentará sua capacidade de trabalhar remotamente e garantirá que eles produzam um trabalho de qualidade.

A segunda maneira de gerenciar eficazmente uma equipe virtual é **planejar tarefas** e ter um cronograma de como elas devem ser concluídas. É necessário comunicar claramente os prazos e objetivos realistas para que o trabalho seja realizado de forma eficaz e eficiente. Para otimizar o desempenho da equipe virtual é necessário que a gerência delegue tarefas; isso implica que **cada função deve ser claramente definida** para que os funcionários entendam o que se espera deles. Todos precisam saber o que fazer, como fazer e quando fazer. Dessa forma, as pessoas se sentirão mais seguras e a equipe poderá trabalhar com mais eficiência. A gerência deve criar tarefas menores que façam parte do quadro geral para que o trabalho seja gerenciável e dentro de parâmetros realistas para sua conclusão. Isso permitirá que o trabalho seja feito no prazo e de alta qualidade.

Os gerentes também devem **fazer um seguimento** daqueles que fazem um excelente trabalho. Ao trabalhar virtualmente, é fácil que os resultados passem despercebidos. Uma marca registrada da boa liderança é a capacidade dos gerentes de reconhecer o que os membros trazem para a equipe e quando agradecer aos indivíduos e à equipe. Também é importante que os gerentes **mantenham um equilíbrio** entre vida profissional e pessoal para seus funcionários e os incentivem a se desconectar, especialmente quando as metas forem atingidas. Funcionários bem descansados farão um trabalho melhor nas horas que tiverem disponíveis.

Nesse sentido, é necessária uma mudança de ritmo em

termos de mudança cultural para ajudar funcionários e organizações a enfrentar os desafios colocados por esta abordagem relativamente nova, demarcando as fronteiras entre o trabalho e o não-trabalho e gerenciando a expectativa de disponibilidade e acessibilidade constantes (Molino et al. 2020).

Aumentar a Capacidade de Colaboração

Já vimos o quão importante é a colaboração, mas ela não acontece imediatamente entre os membros da equipe. É preciso tempo e esforço para conhecer seus companheiros de equipe e construir uma boa relação de trabalho. Existem quatro fatores determinantes que podem ajudar e promover a colaboração entre os membros: *capacidade de comunicação, capacidade de ouvir, inteligência emocional e respeito à diversidade.*

Desenvolver boas **habilidades de comunicação** é um fator chave na construção de bons relacionamentos. Qualquer tipo de comunicação conduz a uma relação com os outros, por isso é muito importante prestar atenção em como nos comunicamos, pois, a forma como nos comunicamos incide no que nos tornamos. Pensar antes de falar, escolher as palavras certas e expressar suas opiniões com respeito é um bom começo.

Para comunicar eficazmente, você precisa desenvolver uma boa **capacidade de ouvir**, que também é essencial para uma boa colaboração. Como o antigo filósofo grego Zenão de Ceti nos ensinou, a razão pela qual temos dois ouvidos e uma boca é que devemos ouvir mais e falar menos. Séculos depois, Plutarco também reiterou que a natureza deu a cada um de nós dois ouvidos, mas uma língua, porque somos obrigados a ouvir mais do que falamos.

Ouvir também significa ter respeito pela outra pessoa. Não devemos usar a escuta passiva, que muitas vezes é usada para desencorajar o interlocutor, ou a escuta seletiva, que muitas vezes é usada para contra-atacar, mas a escuta ativa: a capacidade de prestar atenção total ao nosso interlocutor (prestar atenção total à comunicação verbal e não verbal).

"Ao derramar algo, as pessoas inclinam e giram os recipientes para que a operação seja bem-sucedida e não haja dispersão, mas enquanto ouvem aprendem a oferecer-se ao orador e a segui-lo atentamente, para que nenhuma declaração útil lhes escape".

Plutarco

A escuta ativa ajuda-nos a realmente compreender a outra pessoa e a compreender plenamente as mensagens comunicadas, ajuda-nos a estabelecer relações fortes e de confiança e melhora a transferência de conhecimento. Você aprende ouvindo!

Por fim, a capacidade de ouvir reduz as tensões entre os membros, pois aqueles que são ouvidos baixam as suas defesas e reduzem a agressividade.

O terceiro fator é a **inteligência emocional**; existem muitas definições que se referem à capacidade de reconhecer, usar, compreender e gerenciar conscientemente as próprias emoções e as dos outros. Mas não concordo com eles. Não somos robôs que podemos controlar e gerenciar nossas emoções, mas podemos controlar e gerenciar nossas reações a uma emoção.

A inteligência emocional é uma habilidade que nos ajuda a perceber, entender e gerenciar nossas próprias reações e as dos outros, quando a mente nos oferece uma emoção em resposta a uma experiência que estamos vivenciando.[10]

10. Gostaria de fazer alguns esclarecimentos. Não somos nossa mente, somos a consciência primordial. A natureza ontológica do ser humano é espiritual. Somos dotados de um instrumento muito sofisticado a bordo que é a nossa mente e que nos permite interagir no mundo físico.

Nossa mente nos permite conectar com a matéria no mundo material e, portanto, permite essa conexão dimensional entre nossa dimensão espiritual e a dimensão física do mundo material.

Quando temos uma experiência, a mente nos oferece uma

144

emoção. As nossas emoções nos são oferecidas pela nossa mente em resposta à experiência que estamos vivendo. Podemos reagir com um método reativo (submeter-nos à "provocação") ou com um método reflexivo: agindo como observador externo, observando o que está acontecendo ao nosso redor tanto ambiental quanto psiquicamente, tomando consciência do "aqui e agora", distanciando-nos do condicionamento emocional, deprimindo as cargas emocionais e contemplando.

Não controlamos nem administramos as emoções, mas sim as reações.

Essa habilidade é útil para entender como os outros membros da equipe se sentem e quando eles precisam de ajuda e apoio. Isso melhora a colaboração.

O quarto fator é o respeito pela **diversidade**. A colaboração prospera em um ambiente que respeita a diversidade, evita discriminação e é sensível às origens étnicas e religiosas de outros membros da equipe.

Hábitos Eficazes para as Equipes

Existem alguns hábitos realmente eficazes que podem melhorar o desempenho da equipe. O primeiro é **investir tempo no conhecimento** para desenvolver a capacidade de conexão humana. Uma vez constituída a equipe, cada um de seus integrantes deve conhecer e compreender sua trajetória pessoal, suas habilidades, suas limitações e seus pontos fortes; trazer suas experiências, conhecimento e perícia. Será útil falar sobre coisas da vida para conectar em um nível mais humano, reunir-se fisicamente para diversões, jogos e comer algo juntos.

O segundo é **ser orientado para o sucesso.** Etimologicamente, a palavra *"sucesso"* vem do latim *"succedere"*, que significa *"subir"* ou *"seguir"*. Os dicionários definem sucesso como *"ser bom em algo"* ou *"alcançar um objetivo ou objeto desejado"*.

Deste ponto de vista, não existe uma medida objetiva única de sucesso. Tem a ver com a capacidade de atingir objetivos. Basicamente, "ter sucesso" tem a ver com o desenvolvimento das habilidades e recursos necessários para alcançar os resultados desejados.

Os objetivos têm diferentes níveis:

- *Nível Ambiental: produzir ou possuir algo*

- *Nível Comportamental: fazer algo que você quer fazer ou superar um desafio físico*

- *Nível de Habilidade: desenvolver ou aplicar uma determinada habilidade*

- *Nível de Convicções e Valores: agir ou viver de acordo*

com seus princípios e filosofia

- *Nível de Identidade: tornar-se um certo tipo de pessoa ou cumprir a sua vocação*

- *Nível de Visão e Propósito: contribuir ou "criar um mundo ao qual as pessoas queiram pertencer".*

Portanto, é possível ter sucesso em diferentes níveis ao mesmo tempo, ou ter sucesso em um nível, mas não em outros.

A orientação para o sucesso leva ao desenvolvimento de outro hábito: **a procura constante de maneiras de melhorar**. Pode ser sobre compartilhar as melhores práticas, querer inovar e querer aplicar novas ideias para melhorar a empresa. Reúna-se regularmente para falar sobre o que funciona e o que não funciona. As equipes devem gastar tempo fazendo perguntas como *"O que podemos melhorar?"* ou *"Como podemos melhorar?"* A natureza da vida é aspirar a mais e mais vida, nossa natureza humana é desejar uma vida melhor, mais feliz, mais rica e mais abundante. Ser inspirado para crescer, erguer-se e avançar é honrar a vida.

Outro hábito é ter uma legendária **clareza mental** sobre como fazer o trabalho do dia: concentrar-se apenas no que é realmente importante; as tarefas diárias não devem ser aleatórias, mas etapas específicas para ajudá-lo a se aproximar de um objetivo; saber exatamente o que fazer, como fazer e quando fazer. A clareza mental ajuda a manter os objetivos em foco e uma noção clara da missão da empresa.

O hábito de **comemorar o sucesso** é outro grande hábito. Antes de pensar no próximo objetivo, é importante celebrá-lo. Uma vez que alcançamos o que queremos, é importante desfrutá-lo. Celebrar o sucesso nos enche de energia e estaremos mais motivados para alcançar nossos próximos objetivos.

É um bom hábito também parar e refletir sobre os elementos que nos permitiram atingir esse objetivo, isso nos ajuda a ter mais consciência de nossa força e aumenta nossa autoconfiança.

Planeje um agradável jantar em grupo, uma viagem, uma experiência memorável de qualquer tipo ou compre-se um presente. Se recompense. Compartilhe sua felicidade com as pessoas ao seu redor. Depois do esforço vem a recompensa. Você tem que reconhecer o que fez e expressar sua gratidão; isso o ajudará a abrir mais portas para receber eventos mais positivos.

Mas o mais importante é não esperar atingir determinado objetivo para ser feliz. Não importa para onde vamos ou o que conseguimos, o segredo é aproveitar a viagem;

aproveite cada momento desta jornada extraordinária chamada vida.

Finalmente, o hábito de **ser altamente produtivo**. Evite sobrecarga de informações, multitarefas e interrupções constantes. Adota o princípio do foco único ou monofoco e aplica todas as estratégias de produtividade expressas acima.

Virtudes da Equipe Virtual

As equipes devem ter virtudes — disposição constante para fazer o bem que motive seus membros a lutar por metas elevadas — para viver e trabalhar com retidão e harmonia.

Ter consciência do que significa ser membro de uma equipe, ser confiável e assumir responsabilidades; desenvolver força e temperança para não perder o equilíbrio nos ambientes virtuais; evitar insultos; não invada os espaços com spam; desenvolver a capacidade de atenção seletiva para que sua atenção não seja roubada; desenvolver a capacidade de filtrar informações selecionando-as nas fontes corretas sem conflitos de interesses; não ceder ao conformismo das redes sociais, para não perder a identidade e exaltar a singularidade; manter o interesse geral em projetos; diálogar para estabelecer metas claras, definir papéis e responsabilidades previamente; comprometer-se com o interesse do grupo; pensar e refletir antes de agir; não parar nas aparências; aumentar a capacidade crítica em relação ao que nos rodeia; sair do egocentrismo para permitir um espírito de grupo no qual as interações façam sentido.

Dicas sobre Equipes Virtuais

A comunicação é essencial ao trabalhar com e em uma equipe virtual. É necessário fornecer instruções claras e ter suporte tecnológico adequado. O uso de todas as ferramentas de comunicação disponíveis garante que os membros da equipe tenham todas as formas possíveis de entrar em contato com a gerência. Além disso, as ferramentas de comunicação e um cronograma permitirão uma **preparação mais eficaz das reuniões.**

As reuniões são muito importantes, mas podem ser uma perda de tempo. Por isso, oferecemos algumas dicas para aumentar sua eficiência e eficácia:

- *Não agende uma reunião em um horário muito produtivo.*

- *A reunião deve ter um horário de início e fim, uma agenda clara e um objetivo final bem definido.*

- *A reunião deve começar com um break point: 1 minuto de silêncio.*

- *A reunião deve ser realizada em modo monofocal (foco único) e monotarefa (tarefa única): existe apenas a reunião, sem distrações, com concentração máxima, permanecendo no momento presente.*

- *Seja educado e respeitoso com a reunião: Retire smartphones e tablets do seu campo de visão, se não conseguir desligá-los porque é viciado neles, pelo menos desative as notificações.*

- *Não participar de reuniões que não conduzam ao crescimento da empresa e ao desenvolvimento de projetos.*

Agendar reuniões não tão frequentes, mas dentro de um calendário realista, permitirá que os funcionários concluam tarefas e tenham informações suficientes para interagir com a diretoria. Dessa forma, será alcançado um melhor planejamento para atingir os objetivos da empresa.

Um bom estilo de **liderança** é essencial para gerenciar uma equipe virtual. Às vezes é necessário escolher líderes para liderar pelo exemplo, encorajar linhas abertas de comunicação e facilitar reuniões e tarefas. Um verdadeiro líder será capaz de selecionar cuidadosamente as pessoas que ele sabe que conduzirão os objetivos da empresa e inspirarão outros a compartilhar suas habilidades e conhecimentos.

Líderes fortes também serão capazes de motivar suas equipes e incentivar cada membro em seus pontos fortes para que uma meta global possa ser alcançada. Os membros da equipe estarão mais dispostos ao compromisso e isso também resultará em um projeto de maior qualidade.

É muito importante identificar e maximizar os **pontos fortes** de cada membro da equipe, pois cada pessoa contribuirá com algo valioso para o projeto. Os membros precisam fazer menos trabalho administrativo e se concentrar no que sabem fazer. Desta forma, obtêm-se melhores resultados e satisfação a longo prazo.

Definir um **dia de extrema produtividade** é um evento em que todos os membros da equipe mantêm seus telefones desligados e não verificam seus e-mails. As pessoas sabem que não serão procuradas e que não procurarão os outros, por isso não darão nem receberão interrupções.

Ter **objetivos interdependentes** promoverá a colaboração porque os membros precisarão uns dos outros para obter sucesso.

Certifique-se de que há uma **diversidade de habilidades** entre os membros. Já dissemos que uma equipe com um conjunto diversificado de aptidões, competências, experiências e perspectivas será mais forte.

Os **membros da equipe devem ser estáveis** ao longo do

tempo, a equipe não desenvolve todo o seu potencial quando as pessoas entram e saem o tempo todo.

Com uma equipe virtual, geralmente há membros da equipe trabalhando em localizações internacionais. Isso leva à **interação de diferentes tipos de culturas,** especialmente em termos de práticas empresariais. Líderes e membros devem manter a mente aberta e estar dispostos a compreender e comprometer-se. Isso construirá uma base sólida de confiança e construirá relacionamentos fortes e duradouros.

Promover a **escuta mútua** e criar uma equipe de ouvintes atentos será outro valor acrescentado.

Uma boa equipe virtual não tem muitos membros e se concentra mais na comunicação forte, na capacidade de trabalhar de forma independente e que os membros da equipe tenham uma boa inteligência emocional. Esses são os fatores que permitirão que uma equipe trabalhe de forma eficaz e eficiente, mesmo que não trabalhe presencialmente.

Conclusão

Este guia explicou em profundidade os conceitos de trabalho ágil e remoto, bem como redes de colaboração, grupos mastermind e como criar equipes virtuais usando os princípios do mastermind. As vantagens e desvantagens de cada tópico criaram uma imagem clara de como você deve planejar a criação de suas equipes usando modelos de trabalho remoto ou de smart working.

O mundo está em constante mudança e isso também se aplica ao mundo dos negócios. As mudanças e experiências que o mundo tem sofrido nos últimos anos mudaram muito a nossa visão do trabalho e a maneira como pensamos sobre o trabalho e a resolução de problemas. O trabalho remoto, embora não seja um conceito novo, ganhou popularidade e é neste momento que as empresas devem começar a mudar o seu pensamento em relação aos modelos de trabalho à distância. Eles têm o potencial de produzir alguns dos trabalhos da melhor qualidade, oferecendo flexibilidade aos funcionários em termos de localização, horário e, muitas vezes, até mesmo o tipo de trabalho disponível.

Os Limites Estão Apenas Em Sua Mente

Use tudo o que você aprendeu neste livro para trazer inovação ao seu negócio. De novos projetos internacionais a colaborações internacionais, agora você tem o conhecimento para criar empresas virtuais que o ajudarão a entrar em um mercado ainda maior, expandindo o alcance de sua empresa. Expanda seu mercado e seus negócios com uma melhor base de conhecimento que você obterá por meio de grupos mastermind, com membros de todo o mundo. Compreender a importância dos grupos e colocá-los em prática em sua empresa será um ativo inestimável.

Os grupos são capazes de potencializar as características do indivíduo, permitindo que ele aproveite ao máximo suas habilidades e as dos outros. Os grupos oferecem a oportunidade de encontrar colaboradores que contribuam com soluções, pessoas comprometidas em entender seus objetivos. Eles permitirão que você interaja com pessoas com diferentes habilidades e níveis de inteligência, pessoas que fornecem soluções. Você vai interagir com uma diversidade de pessoas que tiveram experiências diferentes e têm potencial para produzir melhores resultados.

Os limites estão apenas em sua mente.

Estou sentado na minha poltrona observando um cisne negro que é branco. A interrupção é inevitável. A ruptura tecnológica é inevitável. Você terá que sacudir o pó de sua pá, cooperar com a terra, cooperar com as plantas e os animais. Se é verdade que estamos todos interconectados, você me encontrará nesta página no momento certo.

Afortunada é a pessoa que aprende a dominar o Poder do Mastermind.

Créditos das fotografias

Fig. 1: *Photo by Marvin Meyer* on Unsplash.com.
https://unsplash.com/photos/SYTO3xs06fU

Fig. 2: *Photo by Magnet.me* on Unsplash.com.
https://unsplash.com/photos/LDcC7aCWVlo

Fig. 3: *Photo by Daria Mamont* on Unsplash.com.
https://unsplash.com/photos/qzdHPRTnawg

Fig. 4: *Photo by LinkedIn Sales Solutions* on Unsplash.com.
https://unsplash.com/photos/Be5aVKFv9ho

Fig. 5: *Photo by Jason Goodman* on Unsplash.com.
https://unsplash.com/photos/Oalh2MojUuk

Fig. 6: *Photo by LinkedIn Sales Solutions* on Unsplash.com.
https://unsplash.com/photos/FCr_Oglkth0

Fig. 7: "Corpo, Biocampo e Campo Elétrico Mental." de
Zeloni Magelli

Fig. 8: *Photo by Brooke Cagle* on Unsplash.com.
https://unsplash.com/photos/g1Kr4Ozfoac

Fig. 9: *Photo by Jed Villejo* on Unsplash.com.
https://unsplash.com/photos/bEcC0nyIp2g

Fig. 10: *Photo by Gabriel Benois* on Unsplash.com.
https://unsplash.com/photos/qnWPjzewewA

Referências Bibliográficas

American Chemical Society (2016). *Selecting the right house plant could improve indoor air (animation)*. Philadelphia, Aug. 24, 2016 Retrivied from https://www.acs.org/content/acs/en/pressroom/newsreleases/2016/august/selecting-the-right-house-plant-could-improve-indoor-air-animation.html

Afsarmanesh, H., Camarinha-Matos, L. M., (2005). A Framework for Management of Virtual Organization Breeding Environments. In: Collaborative Networks and their Breeding Environments, Springer, pp. 35-48, Valencia, Spain, 26-28 Sept 2005.

Akbar, F., et al. (2019). *Email Makes You Sweat: Examining Email Interruptions and Stress Using Thermal Imaging*. Proceedings of the 2019 CHI Conference on Human Factors in Computing Systems. DOI:10.1145/3290605.3300898

Angulo, P., S., De Benito, J., J., Araúzo, J. A., (n.d.). *An Agent-Based Framework for Selection of Partners in Dynamic Virtual Enterprises*. Framed inside the Project DPI2001-1903, financed by the Spain Ministry of Science and Technology.

Armstrong, M. J. (2017). Improving email strategies to target stress and productivity in clinical practice. *Neurology Clinical Practice*. 2017 Dec; 7(6): 512–517. DOI:10.1212/CPJ.0000000000000395

Ates, M. Fikret. (2013). The Effect of Partnership Quality on Outsourcing Success in Human Resources Functions. *International Journal of Academic Research in Business and Social Sciences*. 3. 10.6007/IJARBSS/v3-i12/487.

Babauta, L. (2009) *The Power of LESS: The 6 Essential Productivity Principles That Will Change Your Life.* Hay House.

Berkley, University of Califorinia. (2021). *When everyone works remotely, communication and collaboration suffer, study finds.* Phys.org. https://phys.org/news/2021-09-remotely-collaboration.html

Bernardi, L. (2018). *Biorisonanza quantistica e riequilibrio energetico.* Progetto Benessere Completo. Retrivied from https://www.progettobenesserecompleto.it/articoli/biorisonanza-quantistica-e-riequilibrio-energetico

Bayern, M. (2019). *Why remote work has grown by 159% since 2005* https://www.techrepublic.com/article/why-remote-work-has-grown-by-159-since-2005/

Bondanini, G., Giorgi, G., Ariza-Montes, A., Vega-Muñoz, A., & Andreucci-Annunziata, P. (2020). Technostress Dark Side of Technology in the Workplace: A Scientometric Analysis. *International journal of environmental research and public health, 17*(21), 8013. https://doi.org/10.3390/ijerph17218013

Bradberry, T. (n.d.). *Multitasking Damages Your Brain and Your Career, New Studies Suggest..* TalentSmart EQ. Retrieved July 7, 2019, from https://www.talentsmart.com/articles/Multitasking-Damages-Your-Brain-and-Your-Career,-New-Studies-Suggest-2102500909-p-1.html

Bradt, S. (2010). *Wandering mind not a happy mind.* The Harvard Gazette
https://news.harvard.edu/gazette/story/2010/11/wandering-mind-not-a-happy-mind/

Brod C., (1984). Technostress: The Human Cost of the Computer Revolution. Addison-Wesley; Reading, MA, USA: 1984.

Camarinha-Matos, L. M., (2009). Collaborative Networks Contribution to Sustainable Development. In: Proceedings of SWIIS 2009 – *IFAC Workshop on Supplementary Ways for Improving International Stability (invited)*, Bucharest, Romania, 28-30 Oct 2009. ID 10.3182/20091028-3-RO-4007.00020.

Camarinha-Matos, L. M., (2004). Virtual Enterprises and Collaborative Networks: IFIP 18th World Computer Congress TC5/WG5.5 — 5th Working Conference on Virtual Enterprises 22–27 August 2004 Toulouse, France. Springer.

Camarinha-Matos, L. M., & Afsarmanesh, H., (2005). Collaborative Networks: A New Scientific Discipline. Journal of Intelligent Manufacturing 16, 439-452.

Camarinha-Matos, L. M., & Afsarmanesh, H., (n.d.). Collaborative Networks. *IFIP International Federation for Information Processing*, 26–40. https://doi.org/10.1007/0-387-34403-9_4

Camarinha-Matos, L. M., Benaben, F., Picard, W. (2015). Risks and Resilience of Collaborative Networks: 16th IFIP WG 5.5 Working Conference on Virtual Enterprises, PRO-VE 2015, Albi, France, October 5-7, 2015, Proceedings. Springer.

Carciofi, A. (2017). Digital Detox: Focus & Produttività per il manager nell'era delle distrazioni digitali. Milano, Hoelpi.

Centro di Medicina Biologica, (2019). *Biorisonanza quantistica.* Centro di Medicina Biologica. Retrieved from https://www.centrodimedicinabiologica.it/terapie/medicina-quantistica-biorisonanza/

Civil Service College. (2018). *Understanding the differences between teamwork and collaboration.* Civil Service College. https://www.civilservicecollege.org.uk/news-understanding-the-differences-between-teamwork-and-collaboration-203

Clark, M. A., Smith, R. W., Haynes, N. J. (2020). The Multidimensional Workaholism Scale: linking the conceptualization and measurement of workaholism. *Journal of Applied Psychology*, 105(11), 1281. https://doi.org/10.1037/apl0000484

Di Stefano, G. & Gaudiino, M. (2019) Workaholism and work engagement: how are they similar? How are they different? A systematic review and meta-analysis, *European Journal of Work and Organizational Psychology,* 28:3, 329-347, DOI: 10.1080/1359432X.2019.1590337

Dean, K. L. (2013). *Alternative and Complementary Therapies.* Jun 2003.142-145.http://doi.org/10.1089/107628003322017396

Dépincé, P., Chablat, D., Woelk, P-O. (2004). Virtual Manufacturing: Tools for improving Design and Production. *CIRP International Design Seminar*, 2004, Caire, Egypt. pp.1-12.

Fels, D. (2018). The Double-Aspect of Life. *Biology*, 7(2), 28. doi:10.3390/biology7020028

Formisano, M. (2016). *Produttività 300%: Triplica i risultati e Goditi la vita.* Torino, Uno Editori

Franssila, H., Okkonen, J.M., & Savolainen, R. (2014). Email intensity, productivity and control in the knowledge worker's performance on the desktop. *MindTrek*.

Galeano Sánchez, N., G., Guerra Zubiaga, D., A., Irigoyen González, J., A., Molina, A. (n.d.). *Virtual Breeding Environment: A First Approach to Understand Working and Sharing Principles* Centre for Integrated Manufacturing Systems, Eugenio Garza Sada 2501, 64849 Monterrey, Mexico

Gibson, C. B., Grushina, S. V. (2021). "A Tale of Two Teams: Next Generation Strategies for Increasing the Effectiveness of Global Virtual Teams". *Organizational Dynamics*. Virtual Teams. 50 (1): 100823. doi:10.1016/j.orgdyn.2020.100823. ISSN 0090-2616.

Goleman, D. (2014). *Focus. The Hidden Driver of Ecellence* (trad. it. *Focus: come mantenersi concentrati nell'era della distrazione*. Best BUR, 2016)

Griffin, L. (2019). Network Switching: Definition & Types. *Study.com,* 29 October 2019. Retrieved from https://study.com/academy/lesson/network-switching-definition-types.html.

Griffiths, M. D., Demetrovics, Z., Atroszko, P. A. (2018). Ten myths about work addiction. *Journal of Behavioral Addictions*, 7 (4), 845–857. https://doi.org/10.155 /2006.7.2018.05

Hyken, S. (2021). *The Impact Of The Remote Workforce*. Forbes. https://www.forbes.com/sites/shephyken/2021/02/28/the-impact-of-the-virtual-work-from-home-workforce/.

Jackson, DJ. (2011) *'What is an Innovation Ecosystem?'* National Science Foundation, Arlington, VA

Jones, Timothy T. (2015). *Monitoring Volatile Organic Compounds Removal by Indoor Plants*. 2015 SUNY Undergraduate Research Conference.

Kafatos, M. C., Chevalier, G., Chopra, D., Hubacher, J., Kak, S., & Theise, N. D. (2015). Biofield Science: Current Physics Perspectives. *Global advances in health and medicine*, *4*(Suppl), 25–34. https://doi.org/10.7453/gahmj.2015.011.suppl

Kekatos, M. (2021). *Fully remote workers spend 25% less time collaborating, have fewer real-time conversations and decrease hours spent in meetings by 5%, study of Microsoft employees finds*. Dailymail.Com https://www.dailymail.co.uk/health/article-9973963/Fully-remote-workers-spend-25-time-collaborating-fewer-real-time-conversations.html

Keller, G. and Papasan, J. (2018). Il Segreto nella vita è scegliere UNA COSA SOLA su cui concentrarsi per ottenere risultati eccezionali. TEA

Koschtial, C. (2021). Understanding e-Science—What Is It About? DOI:10.1007/978-3-030-66262-2_1 In book: e-Science, Open, Social and Virtual Technology for Research Collaboration (pp.1-9)

Kürümlüoglu, M., Nostdal, R., & Karvonen, I. (2005). Base concepts. In L. M. Camarinha-Matos, H. Afsarmanesh, & M. Ollus (Eds.), *Virtual Organizations Systems and Practices* (pp. 11-28). Springer.

Lee, Jae-Nam & Kim, Young-Gul (1999) Effect of Partnership Quality on IS Outsourcing Success: Conceptual Framework and Empirical Validation, Journal of Management Information Systems, 15:4, 29-61, DOI: 10.1080/07421222.1999.11518221

Levin, D., Z., Walter, J., Appleyard, M., M. (2011). *Trusted Network-Bridging Ties: A Dyadic Approach to the Brokerage-Closure Dilemma.* http://www.levin.rutgers.edu/research/trusted-bridging-ties-paper.pdf

Lifegate, (2009). *Medicina quantistica: cos'è la cura quantica e come funziona.* Lifegate. Retrieved from https://www.lifegate.it/medicina_quantistica_come_cura

Longqi Yang, David Holtz, Sonia Jaffe, Siddharth Suri, Shilpi Sinha, Jeffrey Weston, Connor Joyce, Neha Shah, Kevin Sherman, Brent Hecht & Jaime Teevan. (2021). The effects of remote work on collaboration among information workers, *Nature Human Behaviour* (2021). DOI: 10.1038/s41562-021-01196-4

Lowrie, Lisa M. (2019). *Exploring the relationships of Email Overload, Stress and Burnout in Social Workers Social Work Doctoral Dissertations.* 9. https://research.library.kutztown.edu/socialworkdissertations/9

Maduka Nuwangi, S., Sedera, D., C. Srivastava, S. and Murphy, G. (2014), "Intra-organizational information asymmetry in offshore ISD outsourcing", *VINE*, Vol. 44 No. 1, pp. 94-120. https://doi.org/10.1108/VINE-04-2013-0023

Mark, G., Iqbal, S. T., Czerwinski, M., Johns, P., Sano, A., Lutchyn, Y. (2016). *Email Duration, Batching and Self-interruption: Patterns of Email Use on Productivity and Stress.* Proceedings of the 2016 CHI Conference on Human Factors in Computing Systems. DOI:10.1145/2858036.2858262

Martínez-Córcoles M., Teichmann M., Murdvee M. (2017). Assessing technophobia and technophilia: Development and validation of a questionnaire. *Technol. Soc.* 2017;51:183–188. doi: 10.1016/j.techsoc.2017.09.007.

Maznevski, M. L. & Chudoba, K. M. (2000). Bridging space over time: Global virtual team dynamics and effectiveness. *Organization Science*, 11(5), 473–492. https://doi.org/10.1287/orsc.11.5.473.15200

McKusick, E. D. (2014). *Tuning the Human Biofield: Healing with Vibrational Sound Therapy.* Healing Arts Press. Rochester, Vermont.

Miltz, A. (2020). *Remote work frequency before/after COVID-19 2020.* Statista. https://www.statista.com/statistics/1122987/change-in-remote-work-trends-after-covid-in-usa/

Molino, M., Ingusci, E., Signore, F., Manuti, A., Giancaspro, M. L., Russo, V., Zito, M., Cortese, C. G. (2020). Wellbeing Costs of Technology Use during Covid-19 Remote Working: An Investigation Using the Italian Translation of the Technostress Creators Scale. *Sustainability*. 12(15):5911 DOI:10.3390/su12155911

Morkevičiūtė, M. & Endriulaitiene, A. (2021). *Workaholism and Work Addiction: The Differeces in Motivational factors*. October 2021. DOI:10.15388/Soctyr.44.2.6

Muehsam, D., Chevalier, G., Barsotti, T., & Gurfein, B. T. (2015). An Overview of Biofield Devices. *Global advances in health and medicine*, 4(Suppl), 42–51. https://doi.org/10.7453/gahmj.2015.022.suppl

Newport, C. (2021). *A World Without Email: Reimaging Work in an Age of Communication Overload.* USA: Portfolio, Penguin.

Niu, D. (2021). *New Hires Suffering in Silence: Two Key Ingredients Missing from Remote Onboarding Programs.* TINYpulse. https://www.tinypulse.com/blog/new-hires-suffering-in-silence-wfh-remote-onboarding

Oates, W.E. (1971). *Confessions of a Workaholic: The Facts About Work Addition.* New York: World.

Ouzounis, E. K. (2001). *An Agent-Based Platform for the Management of Dynamic Virtual Enterprises.* Dissertation von der Fakultät Elektrotechnik und Informatik der Technischen. Universität Berlin.

Peeters, C. & Lewin, A. (2006). *Offshoring administrative and technical work: business hype or the onset of fundamental strategic and organizational transformation?.* ULB - Universite Libre de Bruxelles, ULB Institutional Repository.

PMI.it, (2021). *Ufficio, casa o smart working? Le preferenze degli italiani.* https://www.pmi.it/economia/lavoro/350992/home-o-smart-working-le-preferenze-degli-italiani.html

Popp, F. A., & Beloussov, L. V. (Eds.). (2013). *Integrative biophysics: biophotonics.* Springer Science & Business Media.

Prossack, A. (2021). *5 Statistics Employers Need To Know About The Remote Workforce.* Forbes. https://www.forbes.com/sites/ashiraprossack1/2021/02/10/5-statistics-employers-need-to-know-about-the-remote-workforce/?sh=492b3df0655d

Reynolds, B. W. (n.d.). *The Mental Health Benefits of Remote and Flexible Work.* Mental Health America.

https://mhanational.org/blog/mental-health-benefits-remote-and-flexible-work

Ribeiro, L., Barata, J. (2006). *New Shop Floor Control Approaches for Virtual Enterprises*. Enterprise and Work Innovation Studies, No. 2, 2006 IET, Monte de Caparica, Portugal

Roe, D., (2021). *Is Remote Working Really Impeding Collaboration and Communication?*. Reworked. https://www.reworked.co/digital-workplace/is-remote-working-really-impeding-collaboration-and-communication/

Rubik, B., Muehsam, D., Hammerschlag, R., & Jain, S. (2015). Biofield Science and Healing: History, Terminology, and Concepts. *Global advances in health and medicine*, 4(Suppl), 8–14. https://doi.org/10.7453/gahmj.2015.038.suppl

Salanova M., Llorens S., Ventura M. (2014). *Technostress: The dark side of technologies*. In: Korunka C., Hoonakker P., editors. The impact of ICT on Quality of Working Life. Springer; Dordrecht, The Netherlands: pp. 87–103.

Scholkmann, F., Fels, D., & Cifra, M. (2013). Non-chemical and non-contact cell-to-cell communication: a short review. *American journal of translational research*, 5(6), 586–593.

Scholten, V., Omta, O., Kemp, R., Elfring, T. (2015). Bridging ties and the role of research and start-up experience on the early growth of Dutch academic spin-offs. *Technovation*. Volumes 45–46, November–December 2015, Pages 40-51

Simon, B. (2017). *Collaboration Networks: Bringing Together a Team to Accomplish Your Projects*. Smartsheet https://www.smartsheet.com/collaboration-networks

Tarafdar, M.; Tu, Q.; Ragu-Nathan, T.S. (2010). Impact of technostress on end-user satisfaction and performance. *J. Manag. Inf. Syst.* 2010, 27, 303–334.

Toyoda, M., Yokota, Y., Barnes, M., & Kaneko, M. (2020). Potential of a Small Indoor Plant on the Desk for Reducing Office Workers' Stress. *HortTechnology*, 30, 55-63.

Tracy, B. (2013). *Time Management.* Amacom. (trad. it *Gestione del Tempo.* Milano, Gribaudi, 2015)

Weil, M.M.; Rosen, L.D. (1997). *Technostress: Coping with Technology @Work @Home @Play*; Wiley: New York NY, USA, 1997.

Wolverton, B. B., Nelson M. (2020). "Using plants and soil microbes to purify indoor air: lessons from NASA and Biosphere 2 experiments", *Field Actions Science Reports* [Online], Special Issue 21 | 2020, Online since 24 February 2020, connection on 09 January 2021. URL: http://journals.openedition.org/factsreports/6092

Wolverton, B. C., Johnson, A., Bounds, K. (1989). *Interior Landscape Plants for Indoor Air Pollution Abatement.* NASA. September 15, 1989. https://ntrs.nasa.gov/api/citations/19930073077/downloads/1993 0073077.pdf

Yassa, Morcous M., Hassan, Hesham A., Omara, Fatma A. (2014). Utilizing CommonKADS as Problem-Solving and Decision-Making for Supporting Dynamic Virtual Organization Creation. IAES *International Journal of Artificial Intelligence* (IJ-AI) Vol. 3, No. 1, March 2014, pp. 1~6 ISSN: 2252-8938

Zeloni Magelli, E. (2020). *Miglioramento della Memoria: Il Libro sulla Memoria per Incrementare la Potenza Cerebrale - Cibo e Sane Abitudini per il Cervello per Aumentare la Memoria, Ricordare di Più e Dimenticare di Meno.* Edoardo Zeloni Magelli